捍衛之路
林肯與自由平等

回顧林肯
曲折輝煌
卻驟然落幕的一生

ABRAHAM LINCOLN
廢除蓄奴 × 人權主張 × 倡議民主，美國史上最偉大的總統……

目錄

目錄

第五章　對抗危機

目錄

前言

　　偉人從芸芸眾生中脫穎而出，自有許多特別之處。我們在追溯偉人的成長歷程時可以發現，雖然他們的成長背景各不相同，但或多或少都具有影響他們人生的重要事件，成為他們人生發展的重要契機，使他們從此走上追求真正人生的道路，並獲得人生的成功。

　　偉人有成功的契機，但他們絕不僅僅依靠幸運和機會。機遇只給有所準備的人，這是永遠的真理。因此，我們不要抱怨沒有幸運和機遇，不要怨天尤人，而要做好心理準備，開始人生的真正行動，這樣，才會獲得人生的靈感和成功的契機。

　　我們輯錄這些影響偉人人生成長的主要事件，就是為了讓讀者知道，偉人在他們做好心理準備進行人生不懈追求的進程中，怎麼從日常司空見慣的普通小事上，碰出生命的火花，化渺小為偉大，化平凡為神奇，獲得靈感和啟發的，從而獲得偉大的精神力量，實現了較高的人生追求。

　　影響偉人成長的事件雖然不一樣，但他們在一生之中所表現出的辛勤奮鬥和頑強奮鬥精神，卻有許多相似之處。正

前言

如愛默生所說:「偉大人物最明顯的特徵,就是他們擁有堅強的意志,不管環境怎樣變化,他們的初衷與希望永遠不會有絲毫的改變,他們永遠會克服一切障礙,達到他們期望的目的。」

愛默生說:「所有偉大人物都是從艱苦中脫穎而出的。」因此,偉大人物的成長具有其平凡性。吉田兼好說:「天下所有的偉大人物,起初都很幼稚並有嚴重缺點的,但他們遵守規則,重視規律,不自以為是,因此才成為一代名家或人們崇敬的偶像。」這樣看來,偉人的成長又具有其非凡之處。這些都是我們要學習的地方。

培根說:「用偉大人物的事蹟激勵青少年,遠勝於一切教育。」

因此,閱讀偉人的成長故事,能夠領略他們的人生追求與思想力量,使我們受到啟迪,使我們更能掌握人生的關鍵,指導我們走好人生道路,取得事業發展。

第一章　少年早熟

事實上教育便是一種早期的習慣。

要培養各方面的能力，包括承受挫折的能力。

誕生在平民家庭

1809 年 2 月 12 日，天剛亮的時候，在美國肯塔基州哈丁縣的霍詹維爾附近的一間小木屋裡，湯瑪斯・林肯（Thomas Lincoln）的妻子南希・林肯（Nancy Lincoln）的臨產陣痛已經持續了很長一段時間，卻沒有任何進展。他們知道情況不妙，就立即請人去找接生婆。當時，這個地方的醫生非常之少，因此，有經驗的接生婆非常受到大家的歡迎。

出去找接生婆的人還沒有回來，現在該怎麼辦呢？這附近根本就沒有人能幫助他們。湯瑪斯和太太很清楚，現在他們必須獨自面對。此時此刻，他們所能做的也只有禱告，把這件事交在主的手上，他們相信上帝不會讓事情這樣收場的。

一陣劇烈的陣痛向南希襲來，豆大的汗珠從她頭上滾落。就在這最危機的時刻，接生婆終於來了。生產的過程很辛苦，消磨了整個大半夜。不過產婦和接生婆的辛苦總算沒有白費，南希生的是一個健康的小男孩。

這個嬰兒，就是五十二年後成為美利堅合眾國第十六任總統的林肯。

林肯的父親叫湯瑪斯・林肯。湯瑪斯 1778 年出生於一個農夫家庭，1795 到 1802 年在各地做過各種工作，包括鞋

匠或者木匠的工作。他先後搬到肯德基、印第安納州和伊利諾伊州，都是做農夫。他和當時的大部分美國農夫一樣，一邊耕作，一邊做點小買賣，比如往哈丁縣和紐奧良販運一些貨物。

湯瑪斯·林肯二十八歲時，與二十三歲的南希·漢克斯結婚後，他以做木匠工作為生。第二年，他們生下了第一個孩子，取名為薩拉。到了林肯出生後不久，湯瑪斯·林肯很快就搬了家。湯瑪斯所買的二百多英畝土地就在諾布溪畔附近。在鄰居的幫助下，湯瑪斯修建了一所帶閣樓的房子，這時小林肯快三歲了。

兩個孩子快到上學的年齡，但湯瑪斯當然是不太情願的，他覺得對他那樣的拓荒者家庭來說，讀書是沒有多大用處的，他們只要勤快、會做事就行。事實上，兩個逐漸長大的孩子也確實成了父母的好幫手。

在南希的堅持下，他們的女兒還是來到了學校。學校離家有兩英里遠，孩子們在那裡讀書並練習寫字。當時的課本是韋伯斯特編寫的課本，做練習則通常是用木炭東塗西抹。

當小林肯拿起一根木炭寫出自己名字的時候，湯瑪斯相當得意，因為當地的傳教士也有不會簽名的。

小林肯生活在貧寒的平民之家。寒冷的冬天到了，凜冽的寒風橫掃過平原，參天大樹的枝幹被吹得左搖右擺，有些

樹枝已被狂風吹斷。刺骨的冷風呼嘯著鑽進屋裡，令人瑟瑟發抖。

然而，湯瑪斯·林肯一家人好像什麼都沒有聽到，對這一切他們早已習慣。勞累了一天，一家人實在太疲憊了，好像已經沉沉地睡著了。

狂風掀起壁爐上的一塊磚頭，把它甩到牆角。這時，只有四歲的小林肯被驚醒了。他和姐姐並排枕在一個用裝滿樹葉的口袋做成的枕頭上。好冷啊！好想躺在媽媽溫暖的懷抱裡，他越是這樣想就越覺得渾身打顫。

可是他不想叫醒媽媽，她睡得多香甜啊！辛苦勞作了一天，這個時候是媽媽唯一能休息的時候。於是，他決定自己想辦法。他從木頭架子上拽下了一條圍巾，把它塞進了牆上的裂縫裡，這下暖和多了。他鑽進狐狸皮做成的被子裡，一會就進入了甜美的夢鄉。

小林肯靠牆睡，因為姐姐對寒冷更加敏感，如果冷風從牆縫吹進來，姐姐就會凍得發抖，而他自己則骨骼粗壯、結實，靠牆睡對自己來說不會有什麼大問題，冷風吹點也沒事！

進入夢鄉的姐姐總是把那張狐狸皮往她那邊拽。這張狐狸皮是爸爸不久前打死一隻狐狸得到的，蓋在身上很暖和。熟睡中，姐姐用力地揪住狐狸皮不放，小林肯怎麼也拉不過

來。天冷極了。姐姐緊挨著他，他能看得到姐姐的手、耳朵和壓亂了的頭髮。因為他倆的腿緊緊地裹在狐狸皮裡，所以他還能觸到姐姐的腳。壁爐裡的炭火在小屋裡泛出一線光亮，只有這絲光亮陪伴著醒來的小林肯度過寒夜。

在黑暗中，小林肯看到，就在離自己很近的地方，有什麼東西在發光，金光閃閃的，就像媽媽講過的天堂裡的寶貝一樣。哦！小林肯心想，是那只大大的鐵皮桶吧。每晚，媽媽都要提它到河邊打上滿滿一桶水。

那邊牆上還有個東西，在閃閃發亮，嗯，那肯定是爸爸的斧頭，孩子們是不准隨便亂動的，因為大人們說它很鋒利，一下子就能砍掉一根手指。

就在那斧頭的下面，爸爸緊挨著媽媽睡著，今天他又在很響地打著呼嚕。小林肯知道，家裡還有一本書，那是《聖經》，媽媽經常為他和姐姐講那裡面的故事。

小林肯睡的那個地方，刺骨的寒風從牆縫吹進來，冷極了。這時，藉著微弱的火光，他看到在自己斜上方掛著一條圍巾，於是他爬起來，墊起小腳。嗯，恰好能夠得著圍巾的角色，他迅速地拽下圍巾，緊緊地塞進牆縫。躺下後，他又用力地扯了扯狐狸皮，把自己身體蓋住，哇！現在真是暖和多了。

不一會兒，懂事的小林肯便進入了甜美的夢鄉。

幫助母親多做家事

　　每到寒風凜冽的早晨，媽媽就會生起爐火。很旺的爐火驅趕著從牆縫鑽進屋來的灰濛濛的寒氣，屋裡暖洋洋的。

　　媽媽站在爐火邊，往牛奶鍋裡倒熱水。小林肯知道，原本家裡的三頭乳牛，如今死了一頭，媽媽不得不這麼做。爸爸這會兒肯定去了牛棚工作了。

　　這些事情，細心的小林肯都清楚，因為他總是留意觀察周圍發生的一切，想盡自己最大的力量幫媽媽多做些家事。

　　這會兒，小林肯坐在那裡一言不發地看著媽媽，因為清晨在媽媽忙碌的時候，不管他提什麼問題，她都不會回答。

　　小林肯慢吞吞地，玩樂似的套上皮褲子、夾克和鞋襪。他的這些衣服都是用生皮做的，是爸爸從水牛身上扒下來的皮，由媽媽一針一線縫製起來的，他們一家人都穿這種衣服。

　　皮衣穿上了，牛奶也煮好了。小林肯想，啊！現在喝下去一定很暖和！

　　小林肯想，唉，如果再能拿那邊的那個鐵皮桶玩會兒就好了。可是這種鐵東西是不許亂動的，爸爸要用一顆釘子把它做成篩子或銼床。人們用銼床磨樹根。孩子們只能玩木頭，因為媽媽說，這周圍的樹林一眼望不到邊，木頭應有

盡有。

「媽媽，哪天是星期天？」小林肯蹲在火邊問道。媽媽笑了，她知道，兒子是想吃白麵包了，因為只有在星期天她才會烤這種麵包。

媽媽伸手從那個孩子們夠不到的木板上拿下最後一塊麵包，切下一小片遞給男孩。看著自己可愛的孩子端著小鐵杯子蹲在那裡，把麵包小心翼翼地蘸到牛奶裡去，媽媽彎下腰憐愛地吻了吻親愛的兒子。

小林肯吃完後，又試探著把沾著麵包渣的小手向媽媽伸過去，期待著媽媽能再給他一片。

他打量著媽媽，心中嘀咕著：媽媽為什麼那麼難過？他想問，卻沒有問出口，他彷彿知道那樣做，媽媽會受不了。

也許就是從這一刻起，小林肯就已經學會了忍耐，他已經長大了。

母親現在走到桌子那邊去了。從桌子的下面能看出，這桌子是一截巨大的樹幹，桌面還算光滑，可一不小心，就會有刺到手上，會流血的。那樣，他們肯定會被父親挨罵。

這時，姐姐也已經穿好衣服。

吃完早餐後，兩個孩子就開始幫大人們工作了。兩個孩子母親被打發到工具棚裡拿木頭。

別看小林肯年齡不大，卻已經能做許多孩子都做不了的

工作了，比如他已經學會怎樣區分新砍的木頭和乾木頭，硬木頭和軟木頭，而且能把不太粗的樹枝掰斷。

他們來來回回幾趟之後，就把一小堆木頭搬了過來。

這時，母親把一口大鍋放在四角架上開始做飯。孩子又穿梭於木屋和小院之間，抱來許多野草。

當時的西部，鹽是極缺的，但如果粥裡不放任何調味料的話，還有誰願意喝呢？在肯塔基州的中部，新大陸的一半地區都處於一種野蠻的蒙昧狀態，就如同兩千年前一樣，為了能夠種植玉米，獵捕野物，農場主們用他們的斧頭砍伐著無邊無際的森林。這裡是最貧瘠的一塊土地，人們甚至稱它是荒原，連附近那個水源不久前也忽然消失得無影無蹤了。於是父親改行成了獵人。

時近中午，一聽到狗叫，孩子們就歡快地跑到門口去迎接，常會跟背著獵槍和野兔的父親相逢。父親面色黝黑，留著鬍子，身材高大，略胖。身上穿的都是他自己打獵得來的獸皮。父親原本是個木匠，經常給周圍的鄰居們做些常用的器具。但比起做木匠，他更喜歡打獵。

看著他在爐邊坐下，吃起媽媽做的飯菜，小林肯忽然覺得：其實媽媽的家事工作，要比父親外出打獵辛苦得多。他幫媽媽做家事的信念更強了，也變得更勤快了。

培養堅強的性格

在從眾多的傳記和史料裡我們不難尋覓到，許多的大人物、成功者，在他們的孩提時代，或在後來的人生歷練中，總有一些特殊的因素，那就是有過某種啟迪或激發，受過某些引導和培訓。這種特殊的經歷，培養了他們堅強的性格。這種性格是他們日後走向成功的巨大精神力量。美國最優秀、最傑出的總統之一林肯，就是一個頗具代表性的例子。

小林肯的家雖然一貧如洗，可是，他有一位疼他、愛他並企望他長大後能有所作為的母親。就在他剛剛上學時，他的母親就因勢利導，開始著重培養他的耐心和毅力了。

在一個暑假裡，林肯的母親曾給鴻蒙初開的小林肯企劃過一次別開生面的啟智「遊戲」。整個過程分三個場地、三個步驟連續進行的。

首先是烈日下海邊的沙灘，用心良苦的母親在預先劃定好的區域裡撒下近萬粒大豆。讓小林肯務必一粒不剩地如數撿回來。母親記錄著這些大豆的數量。

烈日當空，細沙鬆軟，稍不留神，就有把細沙表面上的大豆踩入沙中的可能。剛剛懂事的小林肯，好不容易抱著容器回到母親身邊，但是一報數竟然不對，有時差三粒，有時差兩粒，這時，他就只得再回到原來的沙灘上，耐心細心地

重新尋找和撿拾。據說，小林肯撿著撿著差點暈倒在滾燙的沙灘上。經過無數次的撿豆子，小林肯終於完成任務了，然後他才能喝上一杯茶水。接著，就要進行下一個環節的啟迪遊戲了。

這個環節的遊戲內容就更需要耐心、細心和韌性。恨鐵不成鋼的母親給小林肯許多支針眼特別細小的繡花針，且必須在改換場地的行進著的馬車上，把它們一一穿在一根又細又軟的絲線上，完不成任務就不准下車。

小林肯被這樣的訓練搞得眼花繚亂、頭昏腦脹、叫苦不迭，還不止一次地扎破了自己的手指。可是，為了不讓母親生氣、為了能繼續進行下一輪的遊戲，小林肯咬著牙、瞪著眼，硬是把所有的不顯眼的繡花針穿成了非常漂亮的一長串。母親看著兒子的成功，心裡非常高興。

第三個環節的遊戲緊接著就開始了。他哪裡知道，這個叫做「為歲月簽名」的遊戲聽起來特別有意思，但是做起來就不那麼輕鬆了。

母親選在一個赤日炎炎的午後，在熱辣辣的廣場上，小林肯左手提著水桶，右手握著羽毛筆，用清水先把自己的姓氏在平整光滑的大理石地面上認真書寫三百六十五遍，再把自己的姓名認真書寫三百六十五遍。母親要求他，能寫多大就寫多大，能寫多好就寫多好。

如火的太陽灼烤著大地。大理石地面上的字隨寫隨乾、隨乾隨寫，小林肯先是彎著腰寫，後來又蹲下寫，再後來索性坐下來寫，他的臉上手臂上滴下的汗水多次讓筆下的字跡多上一點或幾點，令人哭笑不得。可是，到了最後，小林肯似乎進入某種狀態，他竟然忘記了艱辛和乾渴。說來奇怪，小林肯寫夠數量了，還想再多寫上幾遍，因為他欣喜地發現，自己的字體居然發生了變化：手腕運力越來越自如，自己的名字越寫越流暢，也越寫越好看了。

這樣的訓練看似有些不盡人情，其實這正反映了一個母親的愛。三步走遊戲結束後，母親語重心長地告訴他：「無論生活和工作中，許多不能成功的例子，都是因為淺嘗輒止、半途而廢，失去應有的耐心而造成的。耐心是考驗一個人毅力和意志的試金石，耐心是成功和失敗的分水嶺。無論從事什麼行業或事業，誰持之以恆、耐心細心、鍥而不捨，誰就是最終的成功者。」

意猶未盡的母親，還繪聲繪色地舉例說：「看到了吧，擁有耐心和毅力、經過千辛萬苦，連自己的簽名也會變得流暢瀟灑、變得與眾不同，變得超脫和大氣。」

小林肯把母親的話牢牢地記在心裡。也許，就是基於這種非同一般的心靈啟蒙，林肯才有了百折不撓、入主白宮的非同凡響的奮鬥歷程和人生凱歌。

遷徙開闢新家

1814 年初，湯瑪斯被哈丁縣議院任命為喬納森‧約瑟夫的財產估價人，因而他已逐漸成為這一帶受人尊敬的人。

然而好景不常，他的滿意狀態沒有維持多久，1816 年冬天來到的時候，一份收回土地的公文引起了他的遷徙欲望，因為他付了錢的土地沒有地契，最後被當作擅自占地者。於是，湯瑪斯一家便舉家遷往印第安納州。

八歲的林肯對這次搬家旅行感到新奇而艱辛。從三歲起他的足跡便從來沒有踏出過諾布溪畔當他們一行度過俄亥俄河的時候，就離開了肯塔基而踏上了印第安納的土地。

印第安納很快就成了美利堅合眾國的第十九個州，一個不蓄奴的自由州。

1811 年，「紐奧良」號在匹茲堡下水，這艘蒸汽動力船開始了俄亥俄河與密兩西比河的輪船時代，儘管平底船仍大量地在河上來往穿梭。大量的移民向西湧來，後來一個英國來訪者甚至感到「舊美國似乎正在解體並且開始向西遷移」。

在這樣的背景下，一些印第安人部落的土地被大量地割讓給政府，那種每一棵樹後隨時可能冒出一個印第安人來殺害開拓者的情況沒有了。每英畝土地也只要兩美元，而且可以賒帳購買。一些人甚至不等莊稼成熟就把他們的家當撂上

馬背，雄心勃勃地向西而去，而將他們耕種的成果留給別人收穫。

在湯姆遜渡口，輪船上突然冒出的白色蒸汽使林肯和薩拉歡呼雀躍。這個拓荒者的集居地人來人往，是他們所見過的最熱鬧的地方，他們是該高興一下了。然而很快，他們將要面對的是一段令人倍感艱難和恐怖的路程。

他們不得不披荊斬棘，清除岩石，甚至還要砍倒那些高大的橡樹、榆樹之類，因為必須將路拓寬一點以便行車。好在這時丹尼斯‧漢克斯來了，他南希姨媽的兒子，比林肯大十歲左右，因而成為開路的主力。

晚上，即使燃起了篝火，美洲豹或者狼也在不遠處嚎叫。他們到達鴿子溪後，緊張的神經才鬆弛下來。

12月初，冬雪開始紛飛，湯瑪斯來回走幾幾趟，他選擇在開闊地帶搭起了一個帳篷，四周只有一面敞開，他在敞開那面燃起篝火，用以禦寒並抵禦猛獸。然而，風霜雨雪日夜侵襲著這個拓荒者簡陋的新居。

他們的居住地離水源較遠，加之食物很少，沒有水果，沒有蔬菜、沒有的東西太多了，這更使人感到艱辛。

開路的時候，那輛巨大的掛車現在看起來實在太小了，它實在無法裝下太多東西。幸好湯瑪斯頗有些狩獵的本領，而印第安納林子裡的野獸顯然是比他們的糧食多得多了，牠

們幾乎成了主要食物。鴿子溪野鴿眾多，野雞、野鴨成群，還有鹿，甚至可以打到熊。

春天來了，他們的木屋蓋好了，忙碌的日子也來到了。湯瑪斯把在這裡購買的一百六十英畝土地都種上了玉米。

一年過去了，全家的辛勤勞動獲得了豐碩的成果。這一年，他們為所購土地付了一部分錢，而且申請了購地證明書。他們再也不會像在肯塔基那樣為土地打莫名其妙的官司了，這使他們感到快慰。

尤其令南希覺得快樂的是這年秋天，她的貝特西姨媽一家也來到了這裡，他們是對她最為關心而使她感到最親的親人。生活在逐漸增加亮色，親人們對生活滿懷信心。

秋天快要過去的某一天，父親湯瑪斯從外面回來大聲嚷道：「南希，你出來看看，我打到一樣好東西。」

「你用手指頭摸摸這野獸的毛！你看，這毛有多厚！」說著，把那頭鹿「砰」的一聲從肩頭上丟到地上。

「真的！這簡直像狐狸毛，怎麼長得這樣厚啊！」

「你知道是什麼道理嗎？看這樣子，今年這個冬天，恐怕會冷得不容易熬吧！」

這時，林肯跑了過來：「爸爸，鹿怎麼會知道今年的冬天會特別冷呢？」

「鹿當然不會知道！」

「那麼，牠既然不會知道，為什麼在身上會預先長出一身那麼厚的毛來呢？」

「這歸根到底，就是所謂動物的本能。」

「什麼？本能是什麼？」

「那就是神在無形中讓鹿知道的，知道今年的冬天會特別冷，除了神以外，再沒有第二個人能先知道了。」

「原來是這樣。不過，爸爸，如果我們人跟鹿一樣，身上會長出毛來，那就好了。」

「哈哈！人身上長不出那麼長的毛，所以，就得趁早做種種防寒的準備。」

從這天起，林肯全家，不管是媽媽南希，還是林肯自己也好，大家都在那裡砍樹、劈柴。

這一年的冬天，果真比往年冷得多。呼呼的北風，一陣陣地掠過河邊的平原，從荒野裡一直刮到小木屋來。接著，鵝毛般的雪片，漫天飛舞。到了晚上，雪下得更大了。

狼叫的聲音，從遠處一陣陣地傳來，可以聽得很清楚。拴在馬圈裡的那匹馬，突然不安地跳了起來。

「林肯，別出去，看樣子是熊來了！」父親說著，一隻手提著槍，跑了出去。藉著燈籠的光亮，向外面偷偷地偵查，只見雪地上很清楚地留著一個個熊的腳印。因為下雪，找不到東西吃的熊就跑來打那匹馬的主意。

「哎呀，真可怕！」林肯一面說，一面躲到母親懷裡。

不過，這討厭的冬天，並不怎麼長，到了三月，雪就逐漸融化了，小草也慢慢地探出頭來。

反對流血和殺戮

一天早晨，「丹尼斯，你來得這麼早！好，等一會就去。林肯，你快吃，吃好了，帶我們到那個鹿常來喝水的水潭那去！」父親向丹尼斯打著招呼。

小林肯一聽，知道這下糟了，父親又要去打獵了！而且，父親一說完，就馬上站起身來，取下了掛在牆壁上的一枝槍。林肯知道已推託不過去，只好懶洋洋地跟在他倆的後面走。

這是一個月明如畫的夜晚。池沼裡的水，像鏡子般地發出閃爍的光芒，清清楚楚地映照出河岸邊楊柳樹的影子。三個人躲在草叢裡，耐著性子守候著。一會，一隻母鹿帶著小鹿走了過來。林子裡是那麼靜寂。全身籠罩著月光的鹿群，比圖畫還美。

「哎，那大概是一隻母鹿。」林肯這樣想。

那隻母鹿豎起耳朵，迎著風，伸出牠的鼻子，在那裡嗅著。他們三人躲在下風的位置，所以母鹿沒有發現他們。

　　林肯很想出其不意地大吼一聲，使那隻鹿逃走，可是已經來不及了！「砰！砰！」槍聲響過，躲在樹蔭裡的雄鹿，就一溜煙似的逃進樹林裡去。那隻母鹿在跌跌撞撞地搖晃了一陣以後，就翻身倒在地上了。那隻小鹿也嚇得急忙逃走。可是，牠因為捨不得母親，又在母鹿旁邊出現了。

　　林肯看見丹尼斯和父親兩個跑了過去。父親手裡的一把刀，在月光下閃閃發光。這時，林肯低下頭，拔腿就跑，他覺得彷彿有一隻鐵臂扼緊他的胸口。那是頭母鹿啊！他一面跑，心裡一面這樣想。

　　「咦，林肯呢，跑到哪裡去了？」父親一面把那隻倒在地上的母鹿背了起來，一面向周圍探望。

　　「跑掉了啊！這傢伙心腸軟得很呢！」

　　兩個人把獵物扛在肩膀上，一路說著話往回走。

　　「是啊，他的心腸越來越軟了。看來要他動手殺鹿的話，他大概不肯，他還是情願吃蔬菜的好。」

　　「這樣說來，他是不會吃鹿肉的了？」

　　「沒有別的東西好吃的時候，他還是會吃的。像他這樣怕見流血，實在少見。他一定是在這頭鹿被打中的時候逃掉了的。」

　　「我自己何嘗不覺得難過。可是，吃的東西是少不了的！而且，皮褲也不能不做。像林肯那樣軟心腸的話，那一切都

完了！」肩上扛著小鹿的丹尼斯這樣說。

「就因為這個緣故，我老替他擔心。要是不能打獵，怎麼能夠做農夫呢？而且，每到晚上，他總愛在烤火堆旁邊練習寫字。他喜歡撿那些燒剩的木炭，在木板上寫字。」

「這樣說來，他大概是要當牧師吧？」

「哪裡？他讀《聖經》，是為了要認字。因為除了《聖經》以外，再也沒有別的書好讀了。」

「那就讓他讀點書，將來到學校裡去教書，這也是個辦法。」

「哈哈！這種鄉下地方，從哪裡學得到這教書的本領呢？我的意思是讓他當個樵夫，天天去砍柴算了。這孩子雖然年紀不大，力氣倒還有一點。斧頭在他手裡，使用起來倒滿在行呢。」

一天，比林肯大兩三歲的奧斯丁來找林肯。「林肯在家嗎？我們到林子裡的運河玩呀！」

「奧斯丁，你等我一下，我去告訴媽媽一聲就來。」林肯走進了小木屋，一下子就跑出來，對奧斯丁說，「好，走吧！媽媽答應讓我去了。」

兩個孩子手牽著手，跌跌撞撞地跑下山去。

這時已是五月，田野裡也到處開滿著各色花朵。林肯很喜歡花，可是，他更喜愛小鳥。花是不會動的，小鳥卻會蹦

蹦跳跳，還會在枝頭上飛來飛去；花總是保持沉默，小鳥卻
會唱出好聽的歌來。

「別作聲！」林肯忽然捂住奧斯丁的嘴巴，可是，已經來
不及了，枝頭上一隻紅色的小鳥飛走了。

「林肯，算了，捉什麼鳥，到河邊去玩吧！」

「不行！在沒有到六月以前，河邊不能去，因為河水太
冷。」

「沒關係。我昨天還到河裡去了呢！河水一點也不冷。」

「真的不冷嗎？」

「當然是真的。」

他們一路說說笑笑，來到了小河邊。河水在碧綠的樹蔭
的籠罩下，從雪白的小石子上流過。

「真的，這河水一點也不冷。」

「怎麼樣，很痛快吧？」

兩個人正在小河裡玩得十分起勁的時候，隱約看到對岸
的岩石上，有個銀白色的東西在動。奧斯丁突然喊道：「嘿，
四腳蛇！」

「啊！在哪裡？」林肯抬起頭來張望，可是並沒有看到，
只聽見從對岸的草堆裡，傳過了一陣聲音。

「林肯，我們到對岸去看看，好不好？」

「可是，這一座獨木橋？」

「你怕這座獨木橋？膽小鬼！你看著，就這樣爬過去。」

奧斯丁說著，就把身體趴在橋上，慢慢地爬過橋去。

「林肯，沒有關係，趕快爬過來！」

「嗯。」林肯遲疑了一下，最後還是下了決心，照著奧斯丁的樣子，也爬了過去。

可是，當他快要到達對岸的時候，雙腳一滑，「撲通」一聲，就跌下河去。

這可真把奧斯丁嚇壞了，大聲喊道：「林肯，喂，往這邊來，這邊！你抓緊這個！」

奧斯丁急忙從岸邊的石頭上，伸過去一根竹竿。林肯拚命抓住那根竹竿。兩個人都在那裡拚命掙扎，總算得救了。可是，兩個人都已成了落湯雞！

奧斯丁說：「糟糕透了，這下怎麼辦呢？」

「這樣回去，一定會挨罵的。」

「要是只挨一頓罵，那倒也沒有什麼，你家裡的人，會不會打你？」

「難說，我爸爸好嚴厲呀！」

「這樣，我們就只好找一個晒得到太陽的地方，去把衣服晒乾。我們走，林肯。」

兩個人就沿著小河，往下走去，一直走進一片砍掉了樹的空地。這裡，溫暖的陽光，把整個草原照射得十分耀眼。

於是，兩個人趕緊把那溼透了的襯衫和短褲，一件件掛在樹枝上去晒，兩個人都脫得赤條條的。

奧斯丁說：「我說，我們爬到樹上去玩一會，好不好？」

「好啊！你打算玩什麼？」

「不然，就扮演蛇好了？」

「可是，我曾經看到過一條吞下了青蛙的蛇，因為牠吞的那隻青蛙，實在太大，弄得上氣不接下氣，簡直快要憋死了！所以，蛇我也討厭，還不如做貓頭鷹好呢。」

「可是，貓頭鷹的窩很臭呢！好啦！我想到了一樣好東西！你就裝作松鼠吧。」

「松鼠的確很可愛，不過牠是個大傻瓜！老是豎起那條大尾巴，很容易被人發現，被人家給弄死。我想，我還是做青蛙吧。」

「不錯，青蛙很聰明，總是藏在樹底下，誰也找不到牠。」

這兩個赤身裸體的孩子，就這麼決定了。

「不過，這件事，我們必須絕對保密！」奧斯丁說。

商量妥當以後，這兩個赤身裸體的「青蛙」，就在樹上玩起來，一直玩到衣褲晒乾了才回家。

這一樁「青蛙」事件，誰也不知道。等到後來林肯死後，那個奧斯丁老伯，才在別人面前提起。一個幼年時代保密的

約定卻能保持那麼長久，的確不容易呢！

　　林肯的童年時期還發生了一件有驚無險的事情。他在河邊玩樂時，因為不小心掉了進去，幸好被鄰居發現了，把他救了上來。當時這位鄰居根本無法知道，他不只是救了林肯，而且還挽救了千千萬萬的黑奴。

　　就這樣，林肯在肯塔基州度過三年童年時光。

忍受喪母的孤獨

　　上帝彷彿對林肯一家心懷惡意，秋天到來的時候，這個九歲的孩子，就不得不開始面對命運的考驗了。

　　在那個時候，這種怪病無藥可醫，只要頭暈噁心、腹痛口渴，那就死神纏身在劫難逃了。有時甚至全家乃至整個村子的生命一併消逝。這種神祕的病因到本世紀初才被人們找到。這種病稱做人類乳突病毒（HPV），病毒在鴿子溪一帶肆虐，奪去了許多人的生命。

　　這一年，在印第安納的秋季，在曠野上放養的牛群卻不知是誤食了什麼東西，還是不習慣這裡的潮溼環境，突然發起病來。很快，周圍所有的牲畜都被傳染了，馬匹倒下了，綿羊倒下了，牛奶不得不全部倒掉，最後，災難也降臨到了人們身上。

　　被傳染的人呻吟著躺靠在裝滿樹葉的袋子上，住在離這裡很遠的一位醫生成了這些患者能夠找到的唯一救星。每次他來給病人看病，都會忙得不可開交，儘管如此，情況也絲毫沒有好轉，焦慮與絕望折磨著每一個人。

　　林肯的父親滿目淒涼，已經無心過問其他事情了。至於留在家裡做飯，顧管孩子，餵養牲畜，磨頭，晒木柴，縫獸皮等，這些工作無疑都落在了母親一人身上。終於，她累倒了，長久以來積聚的辛勞彷彿一下子都爆發了出來，她的病情逐漸惡化。

　　死神奪走了幾個鄰居的性命，也帶走了林肯的外祖父，外祖母，現在它又來到了母親的身邊。母親一直營養不良，骨瘦如柴，又缺乏生存的信心，因此一得上肺結核這致命的疾病，身體就迅速垮掉了。不滿十歲的林肯，站在沉默，蒼白的母親面前無能為力。1818 年 10 月 5 日，這是林肯終身難忘的日子，他善良的母親魂歸天國。他靜靜地看著平時十分堅強的父親，看著淚水打溼了他蓬亂的鬍鬚。開始，林肯的心裡只是充滿了一種恐懼和新鮮混攪在一起的複雜感覺，「死亡」的含意他並不清楚。

　　自從第一位鄰居死後，父親就開始叮叮噹噹地製作棺材了。釘棺材的聲音讓所有的人：病人和健康人都感到刺耳和心酸。而年幼的林肯對此卻渾然不覺。

　　這會兒，父親又開始為剛剛斷氣的妻子製作棺材了。「媽媽真的很高大」，林肯湊上去看著母親已失去活力的身體，心裡想道。他仔細地看父親如何不用鐵釘就把大木板固定在一起，他還很乖地幫著父親做這做那。母親死後的第一天就這樣忙忙碌碌地過去了，他彷彿根本沒有意識到發生了什麼。

　　然而，當母親入了殮，下了葬，回到家，看到母親的床上空蕩蕩的時候，林肯的心才突然被一種巨大的孤獨感攫住。

　　這時，林肯感覺自己好像一點都不喜歡父親，他想起了父親說過的粗話，想起了他的大巴掌，直到這時他才醒悟到，自己所有美好的生活經歷都來自親愛的媽媽：媽媽從未打過他，而且總是為他辛勤地操勞著；每當媽媽傷心的時候，她總是抬起頭來凝視著這個跟她越長越像的林肯，這時，便會有一種從未傾吐的親切和融洽的感覺在林肯的心頭縈繞。

　　對於林肯，這種感覺整整一生都無法擺脫。在對母親的回憶中，沉默寡言的他對於那些失去的和可望而不可即的事物的渴望更加強烈，較之於以前，他顯得更憂鬱了。

　　生活開始把重擔壓在了兩個孩子身上。好在十二歲的姐姐薩拉非常能幹，做飯、洗衣、紡紗、織布都能做得井井有條，林肯則負責飲水，那要從一英里以外扛回來。

　　自從媽媽死後，家裡就突然冷清起來。一天，林肯在林

子裡撿完了柴，正背著柴往回走，走到泉水旁邊時，突然聽
到薩拉高興的叫喊聲。

「怎麼了！薩拉，發現了什麼？」林肯問道。

「發現了一個不平常的腳印。」薩拉邊說，邊伸著手指頭
指著地下。

「哎，是不是發現了鹿的腳印？」

林肯一面說，一面彎著腰往地下看，等看清楚時，他高
興地跳了起來。「啊，是媽媽的腳印！」

「所以，我想，我們把這腳印想法子給留下來。媽媽留下
的就只有這個腳印了！」薩拉傷心地說。

「是的，我們在這腳印的周圍，用石頭把它圍起來吧。」

說著，兩個人急忙去搬了些石頭，在兩個腳印的周圍，
堆起了石牆。從這天起，姐弟兩個每天都要去看這石牆。

歡迎新媽媽到來

一天，林肯的姐姐薩拉獨自一個人在煮東西，林肯在外
面劈柴。父親說是出門去幾天就回來的，可是，這次出去了
好幾天，還沒有回來。所以，他們姐弟兩個就只好一天又一
天冷冷清清地在家裡看家。

忽然，薩拉聽到從遠遠的地方傳過來一陣聲音。「林肯，

有什麼人往這邊來了，你聽！」

　　林肯放下手裡的斧頭，對著聲音來的方向，側著耳朵傾聽。「沒錯，那是馬車在石子路上經過的聲音。」

　　「不知道是不是往這邊來的？」

　　「除了到這裡來以外，沒有別的地方去了。」

　　馬車越來越近了，這是一部兩匹馬並拖著的布篷馬車。坐在駕車臺上的那個人，一手拿著馬韁繩，一手揮舞起他的帽子，一面還微笑著呢！

　　「啊！是爸爸回來了！」兩個孩子叫著都跑到了門口。

　　在那部大馬車上，裝著滿滿的東西。另外，還有人從布篷的縫隙裡，探著頭不斷地往外看，那好像是三個小孩子的臉孔。不一會，那輛布篷馬車，就在小木屋門口停了下來。

　　父親從車上輕快地跳下來，接著，他從車上又攙扶下一個女人。「薩拉、林肯，一起過來這裡。這一位，就是你們的新媽媽。」

　　林肯第一次見到所謂的繼母，他嚇了一跳，目不轉睛地看著那個女人。

　　這時，那個新來的女人微笑著說：「我在心裡想，我要做一個你們真正的母親！不過，不知道你們能不能真心喜歡我，如果我喜歡你們的話。」

　　「我正在想，最好我們能夠像別的孩子們一樣，有一個媽

媽。」薩拉這樣回答。

可是，林肯的回答可不像薩拉那樣清清楚楚地說出來，只是說：「嗯，我也要盡量做個好孩子。」

「這孩子真老實。」新媽媽說著就笑了。

這個時候，父親正在卸馬車上的東西。「薩拉、林肯，你們兩個也來幫忙。哦，對了，這幾個是你們新媽媽的孩子，還沒有向你們介紹呢！你們以後要好好地在一起過日子，像親生的兄妹一樣。這男孩是約翰，這女孩叫莎麗，還有一個是，哎！跑到哪去了？」

正說著，那個年齡最小、有著滿頭蓬鬆金髮的可愛小女孩，從馬車背後探出頭來：「我是倩蒂，請多多指教！」

大家笑起來。

一個半新半舊的衣櫃，從馬車上卸了下來，還有床，羽絨被，厚厚的羊毛毯，各種廚房用具以及碗櫥。林肯一面幫著把東西搬進家裡，一面問父親：「爸爸，這是什麼？」

「是枕頭。」

「枕頭？」

「是的，晚上睡覺時用來墊在頭下面的。」

「原來是這樣！」林肯還是頭一次看到。

這天晚上的晚餐十分熱鬧，孩子們很快地就成為朋友了。在這些孩子裡，人緣最好的是倩蒂，她跟林肯特別好，

幾乎不肯離開一步。父親這晚也非常高興。他看看圍坐在桌邊的家人，微笑著說道：「開始吧！大家都到齊了吧！」

倩蒂站了起來，說：「讓我數數看！林肯和我是兩個，薩拉和莎麗是六個，再加上約翰哥哥是七個，還有爸爸，這剛好是一百個人。所以我們家裡的人，都到齊了。」

這種糊塗算法使小屋裡充滿了笑聲。

到了就寢的時候，林肯低聲地向待站在屋角的薩拉說：「現在，我們這個家，成了很有錢的人家了！」

「是呀。不過，我要問你，林肯，這個新來的媽媽，你真的喜歡嗎？」

「嗯！我想我會喜歡她。她那笑聲，我聽了實在高興呢！」

自從新媽媽搬來以後，小屋裡就熱鬧起來了，畢竟加上林肯的叔叔這裡一共住著三大五小一共八口人。在開始的日子裡，第一次見面時遲疑的握手使得握手成為了林肯姐弟與新媽媽之間奇特的遊戲。在意識到這種尷尬後，新媽媽馬上開始著手改善這種境況，彌合他們之間的隔閡。

林肯的新媽媽特別的尊重知識，她堅持讓所有的孩子都去那所離家不遠的木房子學校讀書，因此，她也很快贏得了林肯的好感。

但是，每當新媽媽說起讀書學習的事，父親總是一笑置

之，他覺得，自己沒有讀過什麼書，不也照樣過得好好的嗎？他不明白，是他的幽默開朗的性格使他總是樂觀自信。每到星期天，他們就去教堂，說是教堂，其實只不過是一座空蕩蕩的木房子，總是有人在臺上誦讀，而孩子們根本聽不懂，關於語言規範的知識他們尚需累積。

在這段日子裡，林肯在新媽媽的啟發教導下寫字越來越熟練了。他的堂兄曾經說過，林肯特別聰明，在學校裡學業成績比其他學生都好。

對於小小年紀的林肯，這實在是一個莫大的幸福。因為新來的媽媽，的確是真心愛林肯的，而林肯自己，也的確是一個很乖的孩子。

後來，林肯當選總統的時候，還非常懷念他的少年時代。他認為他之所以能夠當上總統，完全是母親的教誨。

有人問他是哪一位母親，林肯聽了連笑也不笑，很嚴肅地這樣回答：「我的母親只有一個！當我的生母去世，繼母未到我家前的半年中，我們的確很慘！而這個繼母和我的生母完全一樣，所以，我也把她當作是自己的親生母親。」

酷愛讀書的林肯

　　1820 年，在林肯十一歲時，父親和繼母又給了他上學的好機會。只是學校地處荒僻，校舍和師資條件都很差。

　　學校開學只能是在冬季務農不多的時期，偶爾有本身學識不很高的教師從外地來到學校，為孩子們教一些讀、寫、算之類的基礎知識。待老師一走，學校也跟著關門了。

　　多年之後，林肯回憶道：「這一時期，我全部上學的時間加在一起還不到一年。」

　　少年時代的林肯酷愛讀書，幾乎見書就讀，孜孜不倦地刻苦學習。由於家境貧困，實在買不起書。家裡除了有一本《聖經》外，再也沒其他的書籍。有時他不得不步行好多英里路去向人家借書看。

　　同儕對小林肯如此熱衷於讀書、沉醉於塗寫都大感不解，大多數農村男孩甚至認為他的個性「古怪」。他不僅埋頭看書，用木炭塗塗寫寫，而且在念過《肯塔基教師》這本書後，還提出疑問：「誰最有權利進行控訴？是印第安人還是黑人？」隨後他便在玉米地裡大發議論，滔滔不絕地說個沒完沒了。

　　他並非想精通什麼學問，只是想對一些事情有所了解，然後再和其他事情加以比較，從而了解人性，認識自己。他

閱讀了所有能夠找到的書籍，儘管他能找到的書並不多，而且每天他可以用於看書的時間也很有限。

晚上，家裡很黑，沒有什麼光亮，但每一本書他都認真讀過。夏天的傍晚，趁天還沒黑下來，他就抽空在雨棚下看書，晚上他就湊近火堆，借火光看書。如果沒注意火滅了，他便會小心翼翼地再生起盡可能小的一堆火，只要光亮足夠他看書的就行了。媽媽用肥皂做的燈芯不多，很珍貴，平時是不能隨便用的，全家人只在星期五才能點起它，況且別人也都認為，這個小毛孩支著腦袋趴在那裡，絕不會是在讀什麼有用的東西。

林肯的繼母隨身帶來的一套五卷冊的文庫：《聖經》、《伊索寓言》、《魯賓遜漂流記》、《天路歷程》和《辛巴特水手》。這位少年竟都閱讀過這些無價之寶。他尤其把《聖經》和《伊索寓言》放置在身旁方便的地方並經常閱讀，因此它們大大地影響到他的作風、他談話的態度以及他辯論時的方法。

新鮮事物就如門外吹來的強風，為林肯敞開了知識的大門。《天路歷程》使他第一次進行了自省；魯賓遜在他的印象中只不過是個被誇大其辭了的開拓者，而《聖經》卻像一首優美的歌飛人了他兒時的記憶。此後又有兩本書分別從一位旅行者和一位神父手裡傳進了這間房子，一本是《伊索寓言》，從中林肯第一次看到了智者對人類弱點的諷刺。在閱讀

過程中，他的思想得到了啟迪，他對書中的內容深有同感；另一本則是《華盛頓和富蘭克林的一生》，主角的一些戰爭經歷使他逐漸淡忘了父親經常講的那些笑話，而記住了這些符合史實的，更有意義的故事。

一次，一位親戚給他帶來了一本厚厚的書，十五歲的林肯逐字逐句地閱讀，自始至終都津津有味。對他來說，這是一個多麼珍貴的知識寶庫啊！

離開學校後，林肯就再沒有長時間地在學校裡讀書了，他的知識歸功於他長期勤勉不倦的好學。

另外，貝利所編的一本《辭源》也起了重大作用，林肯是從他伯父的大兒子那裡得來的，這本字典對他早年的知識產生了相當大的影響。

林肯渴望讀更多的書，但沒有錢。他開始借閱書籍、報章以及任何印成的東西。後來他到新來的喬賽亞‧克勞福德家工作，克勞福德和他的妻子很快成為這一帶小有名氣的醫生。林肯倒是不怎麼注意這一點，因為他早就被那醫生家的藏書吸引住了。

林肯是在這裡靠自己的勞動，得到了真正屬於他的第一本書。那是帕森‧威姆斯（Mason Locke Weems）所寫的《華盛頓傳》（*The Life of Washington*），林肯讀得愛不釋手，甚至帶回家過夜，他讀至眼睛再也睜不開的時候，就將書塞在圓

木縫隙裡。不幸的是半夜裡下了一場雨，書被雨浸得皺巴巴的。為此他多做了三天工作，而書本就屬於他的了，他不免暗暗地慶幸自己因禍得福。

這段時間林肯讀到的書還有《富蘭克林的生平》（*Life of Benjamin Franklin*）、《哈姆雷特》、《裘里斯‧凱撒》（*Julius Caesar*）等。同時，他還設法讀到了傑克森總統的首次就職演說、莫里斯在亞歷山大‧漢彌爾頓（Alexander Hamilton）葬禮上的發言，長達近五百頁的印第安納州修正法典也使他讀來津津有味。

此外，他還有了一本為之振奮的教科書，W. 斯戈特寫的《演講課程》。這是一本較為規範的，引導人們運用不同風格的語言進行演講的書。它告訴人們應該如何表達自己並援引了許多實例，有偉大人物的經歷，有德莽斯的演講生涯，有莎士比亞戲劇的片段，還有具體的演講技巧。

義務、自由、奴役思想、女性問題與傑佛遜的就職演說融為一體，是一部良好的教材，書中的思想如湍流一般湧進了這個林肯正在啟蒙的頭腦。每拿到一本書他都認真地讀啊讀，因為沒有更多的書可看，他便把現有的書翻閱好多遍。偶爾有誰從城裡買來用報紙包裝的什麼東西，他便迫不及待地湊上前去把包裝紙要來仔細閱讀，往往他還能告訴大人們關於他們經常談論的話題，報上究竟是怎麼說的。

如果有機會和別人一起騎馬進城，林肯就會從商店的桌子上拿起一份報紙，讀那些關於選舉的最新消息。他發現人們都十分擁戴傑佛遜這個人民代表，反感來自南部的貴族奴隸主們。

在默默地傾聽別人談話時，在意外地閱讀到的報紙碎片上，他都不斷地接觸到南部的奴隸制問題，而且在那座新建的小教堂裡，人們的議論也常常圍繞這個話題。

當他不能完全理解其中的道理時，他就會獨坐沉思，從別人的談話中理出自己的觀點。

讀書的才幹終於為林肯展現出一個新奇的世界，這是他從未夢想過的世界。它拓寬了他的智慧範圍並給予他洞察力，而且，讀書成為他生平中最大的嗜好。

1847 年，他上國會要填寫一份履歷表格的時候，他碰到一個問題：「你的學歷如何？」他以一句話回答：「不完全。」

在他被提名競選總統以後，他說：「當我成年時，我所知不多。然而，多多少少，我還能夠讀書寫字，並計算比例式第四項，也不過如此罷了。我從未上過學校。我目前在知識資歷上僅有的一點進步，可以說是我隨時在急切需要的情況下獲取的。」

愛思考和講笑話

林肯對思考的興趣與日俱增，他能長時間地靠著牆蹲坐在地上，把腿蹺得和肩一般高。對他來說，坐著、躺著思考問題要比走路騎馬時思考舒服得多。幾年來，可惡的瘧疾，少得可憐的食物和艱苦的體力勞動使他那修長的身材更顯單薄，而且母親又把枯黃的形容遺傳給了他。

女孩們或許會說，「林肯長得真寒磣！」那是因為她們根本不了解他那飽滿的額頭裡所蘊藏著的個性與智慧，她們無法看出那稜角分明的鼻子所表現出的勇氣與膽識，她們更無法理解他那薄薄的嘴唇為什麼總是嚴肅緊閉，那雙灰色的略帶憂鬱的眼睛為什麼總那樣冷靜地觀察著事物的本質；她們看到的只是他皮膚的粗糙和他的不修邊幅。她們認為林肯那當木匠的父親說得十分在理，他曾這樣形容林肯：「他看上去就像剛用斧頭砍下來，還沒有經過任何修整的一塊粗木頭。」

林肯的脾氣也實在是古怪，別人都笑他是個怪人。有時候他會忽然把鐵鍬扔在一邊，一屁股坐在地裡，拿出書來，撅起下嘴唇大聲朗讀，這或許是為了讓所有正在勞作的同伴們都能聽到他讀的內容吧。有時，他竟會號召大家停工休息，自己則坐在柵欄或石頭上跟大夥兒聊天。

起初大家對他的舉動都十分驚訝，不知他這麼小的年紀能聊些什麼。後來他們卻發現，林肯的腦袋裡確實裝了不少東西，諸如大河啊，選舉啊以及過去發生的一些大事啊等。不過聽完這些話題以後還是會有人取笑他，他們認為林肯講的無非是些故事。

可是不管別人怎麼說，林肯依然我行我素。他有時很喜歡模仿牧師的樣子講話，常會惹得大夥兒哈哈大笑。他以為這就是「演講」。他知道自己需要練習，需要聽眾，不管他們是誰，或者他們為什麼來聽，他只希望有人在場。

一天，他正在演說時被父親撞上了，父親一把將他拽過來大罵了一頓，說他懶惰，不務正業。父親哪裡知道，這才是林肯真正的愛好呢。

林肯還有個怪毛病：有時候他會莫名其妙地突然分心或者無緣無故地笑出聲來，除了他繼母以外，沒有人能真正理解這究竟是怎麼回事。有個睿智的女人曾說過，林肯從不撒謊，而這的確也是事實。

在過去的十七年當中，他經歷了一些不公平的事。誠然，就一個一貧如洗的年輕人來說，他也已習慣的生活往往是不公平的，所以他留意觀察，只要哪裡有人也遭受了不公平的待遇，他都會傾全力幫助他們。

每當鄉村大房子裡的流動法庭開庭時，他都去仔細旁

聽，例如出於對被驅逐和被壓迫的印第安人與生俱來的同情，他會看看法官會不會給一個殺死印第安人的罪犯判處絞刑。但是，他知道他必須要用自己的頭腦反思一下，這種自發的同情到底是對是錯，他要聽聽自己的心靈在說些什麼，一個旁觀者的經驗又在說些什麼。

一個偶然機會，林肯聽到了一位著名律師的早法庭上慷慨陳詞。自此，他便下定決心；自己以後也要這樣演講，也要博得觀眾這般的讚許！

林肯常常步行十五英里路，到河邊市鎮上去聽律師們辯論。後來，當他在田野間和其他人們工作的時候，他有時會丟下鋤頭或草叉，騎上圍籬，複誦一些他所聽到的律師們的講詞。有時，他會模仿著教堂傳道的人大聲叫嚷。林肯時常帶著一本叫做《奎因的笑話集》到田野裡去。

當他跨坐在木頭上高聲朗讀當中一部分時，樹林中他的聽眾常捧腹大笑。然而，田壟間的雜草卻日益蔓延，田裡的麥子也變黃了。那些僱用林肯的農夫們都埋怨他太懶惰，而他也承認了。「我的父親教我工作，」他說，「但他從未教我愛它。」

老湯瑪斯・林肯嚴格地命令：所有這一類的愚蠢行為都必須禁止。但林肯還是繼續講笑話和演講。

伸張正義不畏強權

　　林肯十六歲的時候，就長成 180 公分的高個子了。大家都說他是附近村子裡使用頭的第一好手。他雖然沒有什麼特殊技巧，但是，力氣大，工作起來就比別人強。

　　一天，父親用木頭為他做了一艘平底船，林肯就把自己田裡收穫的糧食，裝在船裡，沿著俄亥俄河往下划，到外地做生意。這是他有生以來，第一次離開他那孤立在田野中的小木屋，到廣闊的外面世界去。

　　到了傍晚，河岸兩邊時隱時現地閃耀著燈光。這些初次見到的景物，使林肯心花怒放，十分驚奇。

　　每到閒著無事的時候，林肯就把他的那艘平底船，停靠在安德遜河邊，等候人家來雇他的船。他把頭斜靠在帆索上，很安心地在船裡看他的書。他對這個工作非常喜歡，因為有充分的時間可以看書。

　　「嗚──嗚──」，拋錨在河中心的一艘輪船，噴出了一陣白茫茫的水蒸氣來。就在船隻將要起錨的這時，從街上竄出了兩個黑影，飛也似的跑了過來。「哎呀，糟糕，船就要開了，小孩，船是誰的？」兩個人一回頭發現了船和人。

　　「是我的。」林肯答道。

　　「那就請你送我們到那艘輪船上去，還有這幾件行李，也

一起送上船去。」

「好。」

「我很急，請你快一點。就是這幾件行李，趕緊搬到船上去。」林肯毫不費力地伸手接過那兩個紳士遞給他的行李，一起放在他那艘平底船上。那兩個紳士也跟著上了木船。

「放心，一定讓你們趕上那艘輪船，先生。」林肯把他那艘木船從岸邊拚命划了出去。

這時，那艘輪船又拉響了第二聲汽笛。林肯把全身所有的力量，都放在他手裡的那只木槳上，木槳打在水面上的聲音越來越急。黃豆般的汗珠，一顆顆掛在林肯的額角，從他嘴裡噴出來的氣息，熱得像烈火一樣。可是，他還是咬緊著牙根，拚命地划著。

輪船上又響出了第三遍汽笛聲。

「喂！等一等！讓我們上船！」那兩個紳士，拚命揮舞著手裡的禮帽，大聲叫嚷著。平底船終於靠近那艘輪船了。

「好了，總算趕上了！」

沉重的起錨聲，從輪船那邊響了過來。林肯把行李遞上輪船，那兩個紳士就慌慌張張地跳了上去。

「先生，你們還沒有付渡船錢哪！」林肯大聲一喊，那兩個紳士就笑著說：「哎哎，竟忘記給錢了。好的，你看好！」

只見兩個五角的錢幣在眼前一閃，就扔進平底船裡了。

這時，輪船發揮出驚人的威力，已經衝破波浪前進了。林肯的平底船也給波濤掀得搖搖晃晃的，遠離開那艘輪船。

「喲，這是銀幣！可是，我沒有錢找呀！」

「不必找了。這兩個銀幣是我們給你的，請你收下吧！」。

「這麼多錢，真謝謝你們。」林肯把有生以來第一次賺到的這一塊錢，緊緊握在手心裡，一面打算著這筆錢的用途。

他想，今天真是好運氣，有了這筆錢，不但可以買到我所喜歡看的書，同時，姐姐想買的那種鋒利的剪刀，也可以買給她了！接著，他又深深地感到，是的，一個人，不論做什麼，只要能夠老老實實地拚命做，總是不會吃虧的。

一天，林肯還是橫躺在平底船裡看他的書。一會，從對岸傳來聲音說：「渡船的，把船划到這邊來！」林肯跳起身，把船划向對岸去。那邊有兩個身材高大的年輕人在等著。

「你們是要渡河嗎？」

「你到岸上來一下，有話跟你說。」林肯上了岸。

「喂！小鬼，你為什麼來搶我們的生意？這個渡口，是我們弟兄兩個向肯塔基州申請到的特許權利。」

「是這樣的嗎？對不起，這我倒一點也不知道。」很坦白地當場就道歉。可是，對方卻不肯罷休。

「說聲對不起就行了嗎？你這個莫名其妙的傢伙！喂！兄

弟，你去揍這傢伙一頓！」

「好，讓我來。」那個弟弟就握著拳頭走過來。林肯一時愣住了，垂著雙手，一動也不動。

「你這個混蛋！」那個較年輕的像一頭惡狗般地猛撲了過來。霎時間，林肯那隻瘦小的手臂，向著對方的鼻尖揮了過去。林肯這一拳打得實在夠勁，那傢伙「砰」的一聲，倒在了河岸邊上。

「喂！怎麼樣？還要不要再來一下？我最討厭打架了，可是為了自己，也就不得不如此了！」林肯用鎮靜的語調說道。

弄得滿身汙泥的那個人，撫摸著他那跌痛了的腰，勉強掙扎了起來。兩個人鬼頭鬼腦地商量了一陣，然後，那個挨過打的人說：「老大，這樣不行。這傢伙不好對付呢！我看還是到法院去，分個青紅皂白才好。」

「嗯！這也好。喂！小朋友，跟我來！」於是，他們就抓住林肯的手腕，拉著他到法院去了。

雖說是法院，但是在鄉下，審判官的住家也就是法院。一個叫彼得的法官，是個酒糟鼻子的矮胖老頭，態度還算和氣。「我先要問原告，你要提出的控告，是什麼事由？」

「我的名字叫做約翰・狄爾，在這裡的俄亥俄河上，已取得了渡船的專利。可是，這個高個子傢伙，卻也在這裡做起渡船生意。所以，我把他抓了過來。」

「你是在犯罪現場抓住他的，是不是？」

「是的，我們隔著河一叫，這傢伙就把船划了過來，本來打算兩個人合起來揍他一頓算了，哪知道，這傢伙雖然還是一個小孩子，但力氣倒不小。所以，只好把揍他的問題放在後面，就把他帶到這來了。」

法官一看他滿身汙泥的樣子，差一點就要笑出來。他勉強忍住笑，裝出一副一本正經的樣子，拿出一本法令書來。

「不錯，根據肯塔基的法律：凡是侵犯別人的營業權的，要處五元罰金。然後問道：「現在，被告還有什麼要辯明的嗎？」

「被告」林肯說：「狄爾所講的話，完全是事實，我沒有什麼要說的。不過，有一點，我要問個明白。」

「你要問的是哪一點？」

「狄爾根據肯塔基州的法律，是不是從印第安納州的河邊，把船划到河中心去也要禁止？」

「這不能禁止。因為發生在印第安納州內的事，肯塔基州無權取締。」

「既然這樣，我就要說明，我承認曾經把客人送到停泊在俄亥俄河中的輪船上去，我的確做過幾次這樣的生意。不過，我從來沒有到過對岸。」

「啊？事實是這樣的嗎？」那法官說完，點點頭。接著，

他又打開法令書來，在那裡東翻西看。不一會，終於把書「啪」地一聲合上了，莊重地說：「現在宣告判決：原告狄爾兄弟所取得的權利，只是兩岸之間的渡船的權利，被告林肯無罪！宣告退庭。」

這出乎意料的判決，使得狄爾兄弟兩個嘴裡嘰哩咕嚕發著牢騷走了出去。這時，林肯跟在他們後面，也正要走出去時，突然從背後傳來法官的喊聲：「喂，請你等一等。」

「什麼事？」林肯回頭問。

「你叫林肯，是不是？你可曾研究過法律嗎？」

林肯聽了，臉立刻紅了起來。「沒有。我雖然也曾經打算研究法律，可是，我是個鄉下種田人，鄰近村子裡能借得到的書，都已經讀完了，實在再沒有辦法來滿足自己的願望。」

「你雖然沒有研究過法律，可是你今天所提出的申辯，是一個不懂法律的人不容易想到的。你的頭腦的確很適宜研究法律。你曾讀過什麼法律方面的書籍？」

「我讀的是一本《印第安納法令全集》。」

「這倒很難得。你還是繼續研究下去。像你這樣的頭腦，一定可以成為一個出色的法律學家。你看！」彼得指了指背後書架上的一大堆法律書，「這裡有這麼多的書，有空的時候，你儘管來看。每星期二下午，是這裡開庭的日子，你也

可以來旁聽。」

林肯感到了法律的嚴肅和重要，他開始在法院開庭的時候旁聽律師的辯論和法官的審理，這使他常常要跑很遠的路，而且要過河到肯塔基州。

學會自食其力

年輕的林肯以他強健的體魄和在河裡嫻熟靈巧的勞作，證明了自己是個百里挑一的好水手。

就在十七歲的林肯學著自食其力的時候，十九歲的姐姐薩拉已經是談婚論嫁的年齡了。可是姐姐婚後不久，林肯就看到，那家人是怎樣讓新婚的少婦辛苦操勞的。第二年，可憐的姐姐薩拉便死於產房，據說是平日的艱辛勞動使她羸弱不堪所致。為此，林肯滿心怨恨。

母親死了，如今姐姐也死了，父親是不會有什麼改變了，而自己和許多親戚的關係也因為一個謊言而被搞得不明不白，漸漸生疏起來。所有這一切，到底是怎麼回事呢？有錢人就可以隨心所欲地虐待窮人，讓窮人替他們工作，替他們伐木；有錢人就可以欺侮自己的媳婦，把她當女傭一樣使喚，最後把她折磨死；有錢人喜歡誰家女孩，便可以虛情假意地引誘她，然後再像對一個黑奴那樣的不負責任嗎？生活

的磨難和現實的不公，讓林肯自強自立的願望更加強烈了：他要用一雙勤勞有力的雙手和善於思考的大腦去自食其力。

林肯試圖多賺些錢來給自己爭取一定程度的舒適和自由。這時，有一個莊園主僱用林肯，讓他把一船貨物運到紐奧良去。這就意味著他可以走出樹林和村莊，去看看密西西比河，然後再去飽覽海上的風光！這可是一次難得的機會啊！林肯馬上就同意了。於是，林肯和莊園主的兒子一道捆起了木筏，用結實的肩膀把玉米和餵肥了的家禽背到了河邊。他們得把這些貨物送到南方去賣掉，在回來的路上再購買一些棉花，菸草和糖。

一路上，林肯異常興奮，就如同到了開羅一樣，眼前的情景令他精神百倍。在俄亥俄河匯入「群河之父」密西西比河口時，渾黃的河水一瀉千里，簡直看不到邊，著實令人嘆為觀止。沿途，他們看到了陌生的人群和土地以及從未見過的各種樹木和鳥類，同時也經歷過風暴和危險，看到過沙壩，遇到過湍流。

一天傍晚，他們在一個大農場借宿，夜裡來了一群四處劫掠的黑人，試圖搶劫他們的木筏和貨物。林肯被驚醒之後，順手拿起一塊大圓木飛身衝向他們，當那群黑人看到他高大的體格和勇武的形象時，嚇得慌忙潛入水中，拚命游向對岸，而這時的被襲擊者怒髮衝冠，在後面緊追不捨，直到

最後，滿身血跡斑斑地回到了自己的木筏上。這是林肯與黑人的第一次交鋒。

　　木筏再往前走，河面變得越來越寬，天氣越來越熱，而夜色也越來越深了。這個有詩人氣質的年輕船夫無聲地問自己：這就是生活的全部嗎？

　　當然，有好多場面他還沒見過呢！當他們在紐奧良靠岸之後，他們生平第一次看到了一幅似乎永不停息的勞動畫面：成千上萬的木筏堵在出口處，還有他們在印第安納州從未見過的河船和海船也相繼拋錨了，停泊在一邊。

　　巨大的倉庫裡堆積著大大小小裝滿麵粉的口袋，它們都是從北方運來的。一切物體都被煙霧籠罩著，鳴笛聲此起彼伏，遙相呼喚，發出尖銳刺耳的聲響；輪船上高大的煙囪彷彿延伸到了陸地上；岸上修起了第一條鐵路。路邊那些沿碼頭堆放過去的東西是什麼呀？足有上千袋吧？這邊或那邊的口袋有的裂開了，露出了一片雪白的輕飄飄的絮狀物。哦！林肯終於認出了，這陌生的東西就是他們嚮往已久的棉花！是整個國家都為之旋轉不停的棉花！很久以來林肯只有一條布褲子，一件棉質上衣，他寶貝得不不得，進城裡時才捨得穿它。

　　可當他一聯想到所有與此相關的問題，想到了奴隸制和總統大選時，便不得不放棄了對棉花袋子的興趣。

等他們卸掉木筏上的貨物，來到城裡以後，他更是大開眼界。街道上白人，黑人和混血兒川流不息。一些穿著花花綠綠的歐洲人乘坐著豪華的小馬車優雅地穿過街道。婦女們頭戴大帽子，嘻笑著執著扇子招搖過市。所有人都顯得極其愉快、忙忙碌碌、自由自在，所有的人都很懂得享受。

那邊，一張刺眼的廣告牌上這樣寫著：「願隨時以高價購買各類黑奴，可親自在拍賣中購買！本人有為奴隸特設的房舍！」下一個轉角處又是一張廣告牌，寫道：「誰為我帶回逃走的混血奴隸，賞金一百美元！他的名字叫薩姆，淺色頭髮，藍眼睛，微紅的淺色皮膚，人們常會把他誤當成個白種人。」

這就是那些被剝奪了權利的人們！年輕的船夫林肯暗想，人們簡直像獵捕值錢的小狗一樣抓他們，像買賣騾馬一樣拍賣他們，而後又像對罪犯一樣把他們關押起來。過去他在家裡聽到過的一切，今天都被證實了，內心的恐懼油然而生。

外面的世界紛繁多變，它總是吸引著一些有追求的人出來看看。一股強烈的好奇心卻又促使他參加了一次拍賣，走進了一座鐵皮屋頂的大廳，那裡，燈光刺眼，人頭攢動。在那裡，林肯看到了奴隸們被展示被拍賣的慘狀。

在林肯旁邊站著的是幾個西裝革履的紳士，腳蹬漂亮的

長筒靴，頭戴講究的禮帽。從他們那褐色的皮膚可以看出，他們是從鄉村來的，想要在這裡進行一番交易。

這幾位西裝革履、不愁吃穿的紳士們享受著這裡絕好的港口氣氛。他們手舉威士忌，相互乾杯，會意地眨著眼睛，不時地發出狂笑。此外，在拿人做交易的時候，他們也絲毫不感覺愧疚。在他們面前，站著誇誇其談，穿戴顯眼，虛張聲勢的賣主，他手持一根皮鞭，指著一個個慢慢繞著圈子走的赤身裸體的奴隸。

所有的奴隸都戴著腳鐐，如果有誰膽敢停下來不走，或是走得速度不合適，馬上就會招來賣主和他手下人一頓毒打。

在這群奴隸們中間，還有一個幾乎是一絲不掛的混血女奴，她顯然還是個處女，既溫柔又羞澀，所以引起了那群紳士們的特別注意。

女奴按照代理人的示意，戴著腳鐐走出行列。代理人一邊對著眾人鼓舌如簧，一邊讓她在這群圍觀的紳士面前走來走去，展示她的健康與青春。他大聲炫耀地嚷嚷著：「各位紳士們也該享受享受了，哈哈哈！」而這顯然也正合很多買主的心思，於是價格就這樣一抬再抬，最後高價成了交。

林肯的心顫抖起來。假如他不是個血氣方剛的年輕男兒，他不會心懷不安地去觀察這個美好的生氣勃勃的胴體；

倘如他不是個有正義感的白人農夫，他也不會感到如此氣憤。然而，身為一個有天賦的詩人和不懂得女人的正派未婚青年，面前的這一切都讓他心驚膽顫。由於過去遭受的痛苦，以及他對父母命運的思索，他那顆善良心在這種苦惱的思考中顫抖著。

所有的同情都彙集在那群赤裸的，帶著枷鎖的人們身上；所有的懷疑都投向了那些穿著講究貌似高雅的買主們。林肯彷彿受了傷似的逃離了這個人吃人的地方！不經歷尖銳痛苦的人，不會有深厚博大的同情心。

幾天之後，林肯的木筏逆流而上，返航了。三個月後的一天，林肯回到家鄉時，又累積了很多知識和經驗，同時也賺到了二十四塊美元。

第一章　少年早熟

第二章　外出闖蕩

不要沉淪，在任何環境中你都可以選擇奮起。

為了贏得勝利，也許你不得不做一些自己不想做的事。

萌發遠大志向

林肯這個年輕人現在的笑話更多了，他有很多聽眾，總是笑痛肚子。他關於奴隸制、關於國家等所說的一些觀點也使他們由衷欽佩。

對於美國政府，林肯所討論的是關於維護憲法和使聯邦永保青春活力的問題，這是一個當時為人們關注而且一直談論了幾乎四十年的問題。1789 年批准的美國憲法存在著一些歷史缺陷，它在此後引發了無數麻煩，甚至導致聯邦分裂的危機。1830 年，韋伯斯特在他著名的被稱為「韋伯斯特對海恩的回答」演講裡說：「自由和聯邦，現在而且永遠密不可分。」林肯曾有一篇關於戒酒的文章也在俄亥俄的一份報紙上刊登出來，推薦它的是一個浸禮會傳教士。

後來，詹姆斯‧金特里找到林肯，那時林肯在俄亥俄河上的經歷已使他小有名氣，金特里認為林肯能勝任駕一條平底貨船至紐奧良的工作。

紐奧良當時已有四萬人口，熱鬧而繁華。現在林肯在這個大都市繁忙嘈雜的碼頭上，看著輪船靜靜靠岸，聽著啟航的輪船汽笛長鳴，他開始激動，這個城市給了他新的感受。

他看見了種類眾多的熱帶出產的物品，也看見膚色各異的不同人種，白色的有昂首闊步的北方佬，高談闊論的英國

人，驕傲的法國人，驕橫的西班牙人；紅色的是墨西哥人和印第安人，他們就不那麼神氣了；最慘的是黑奴，他們一大串人被鐵鍊鎖著，悲傷而叮叮噹當地走在街上，其後跟著手執鞭子的殘忍的奴隸販子。

兩個月後，林肯告別了紐奧良，他有些戀戀不捨了。他渴望到新世界裡闖蕩，而不希望在偏僻的鄉村默默無聞，而且在那裡，他知道，他是多麼不合時宜啊！

湯瑪斯常常看不慣兒子老是隨身帶著一本書，林肯就常帶回錢來讓父親高興些。

1830 年，林肯已經二十一歲了。父親又決定西遷，將全家搬往亡妻南希的堂弟約翰・漢克斯落腳的伊利諾伊州梅肯縣，理由是為了尋找那「老是迴避他的好運氣」。

那年的 3 月 1 日清晨，湯瑪斯・林肯收拾好簡單的行李就啟程了。經過兩百英里的長途跋涉，林肯一家終於到達了目的地，並找到約翰・漢克斯。約翰領著姐夫一家人來到梅肯縣迪凱特西南十英里處的桑加芒河北岸。

天氣漸漸轉暖，已滿二十一歲的大個子林肯開始伐木，準備在這塊新的土地上建新房了。他們蓋起了住房、畜牧場、燻肉房、廚房等一應附屬設施。又在房屋四周圍上柵欄，種上玉米，再就是開墾了十五英畝土地，這樣，新居算是初具規模了。

　　這一時期，家裡人都一心只想著蓋木屋，住新房，那是他們的目標，只有這個年輕的代木者林肯除外。他把自己那些微妙的想法：像愛情、自由、教育和奴隸制以及大選等，都當做是一些寓言故事講來消遣。雖然用扎實的臂膀進行勞動他已經習以為常了，但事實卻證明，他並不太喜歡這樣。

　　就這樣，林肯一家就在這臨時的「故鄉」定居下來。

　　什麼是故鄉？像他這樣一個在二十年中為生活所迫而不得不跟隨父親幾次三番離鄉背井的年輕人，肯塔基州，印第安納州和伊利諾伊州在他眼前如同過眼雲煙，他從何產生一種故鄉的感覺呢？林肯的故鄉是美國！

　　林肯在伊利諾伊所度過的第一個冬天，是該州歷年來最寒冷的一次。大雪在大草原積下十五英寸厚，牛群死去，鹿和野火雞也幾乎滅絕，甚至人們也有被凍死的。

　　林肯未曾有過什麼土地，而且他從來沒想過要擁有土地。他已在農場生活了二十年，而他對於墾荒農耕已嘗盡辛酸了。

　　林肯厭惡那種過度勞碌和單調無味的生活，促使他想要得到一份工作，能使他見到人們並吸收一些聽眾，並讓他們對他的故事拍手喝采。

　　在印第安納州的時候，有一次林肯幫忙划一艘平底船，順著河流到紐奧良去。

一天晚上，當船隻在杜傑司尼夫人的大農場邊停泊時，有一群黑人，帶著刀棒，爬上船來。他們打算把船員殺掉，將屍首投進河裡，然後把船開到紐奧良的賊窩去。

林肯搶了一根木棒，用他長而有力的手打得三個強盜滾進河裡，然後追擊餘黨上岸。但是在搏鬥中，一個黑人用刀在林肯的額頭劃了一下，使他在右眼上留下一個傷疤，一直到他去世。

到了紐奧良後，林肯就為自己謀得另一份河流上的工作。以一天五角的價錢，並加上獎金為薪資，來僱用他的異母兄弟及他的第二個表兄弟砍樹，伐圓木，將它們漂浮到一所鋸木廠，建造一艘八十尺長的平底船，再裝上醃肉、玉米和生豬肉，然後順著密西西比河漂流下去。

令林肯難以忘懷的是紐奧良的黑奴，當他經過一個奴隸拍賣所並看見一次黑奴大拍賣時，他憤然感到一種難以遏止的厭惡。

一個黑白混血的漂亮女孩被拴在一根木樁上，她要忍受前來挑選者的掐捏，這不免使她疼痛難耐而又蹦又跳。出價購買者還以對待牲口的方式令她在一個小房間裡像馬一般跑來跑去。他們挑剔著，彷彿她是貨物或者動物。

每當遇到類似事件，林肯暗暗發誓：將來如果有機會，那麼他所給予這個制度的懲罰一定是致命的。

他們賣掉平底船，然後乘輪船沿密西西比河至聖路易斯，之後步行回到柯爾斯。這次與家人的團聚是短暫的，很快林肯就到了紐薩勒姆並在那裡生活了近六年。

勤奮聰明人人誇

紐薩勒姆離斯普林菲爾德（Springfield）約二十英里，是一個命名還不到兩年的村子。林肯以前的老闆丹頓‧奧法特在這裡擁有一塊土地並開有一間店鋪，他非常喜歡年輕的林肯，就讓他在店裡售貨。

林肯是一個很誠實的人，工作很賣力，他不但體力很強，而且還很有學問。此外，他說話也十分風趣，所以很討人喜歡。

那裡的人一個說：「那個奧法特老闆店裡的一個叫做林肯的掌櫃，真想不到竟是一個那樣誠實的人！有一次，我在這家店裡買了一袋茶葉，到了晚上有人來敲門，我很奇怪，馬上出去看，原來是林肯。他說事後一查，發覺那一袋茶葉斤兩不足，特地補送些茶葉來。他又再三向我道歉，才放下茶葉回去。我並不是重視那一點點茶葉，而是被他的誠實感動了。」

另一個說：「是啊。有一次，他少找了三分錢給一個從鄉下來買東西的顧客，竟在晚上，走了六公里的夜路，把那三

分錢送還，這實在使人敬佩。」

　　還有一個說：「而且，他很喜歡孩子，我家裡的孩子，每天一吃過晚餐，連嘴也不擦，說聲聽故事去，就跑了。」

　　不論到哪裡，都可以聽到「林肯真老實」這一類誇讚。

　　林肯終於找到幾年來一直所追求的一個機會，就是克服他的膽怯以及學習公開演說的一個機會。

　　自從在印第安納州時，他在這一方面僅有的機會，就是對田野裡的一小群工人們講話而已。在紐薩勒姆有個組織叫「文學會」，每逢星期六夜晚就會在羅特利基飯店的餐廳裡聚會。

　　林肯極為踴躍地參與並且在其組織中取得領導地位，講故事、朗讀自撰的詩歌、發表即席的演說、談論桑加芒河航行一類的問題，或者辯論一些當天發生的各種事件。

　　這些活動是極其寶貴的，它擴充林肯的心智領域並且喚醒他的志願。他發現他有非凡的才幹：用他的言詞去影響別人。這樣的認知增強了他的勇氣和自信力，這是從來沒有其他事物所能促成的。

　　店裡的工作並不很多，這使得林肯有時間看書，並對政治開始著迷，這使他更有興趣鑽研法律。在紐薩勒姆，每逢星期六晚上羅特利基飯店的飯廳就會熱鬧起來。

　　羞怯的林肯非常活躍，在這裡他講的笑話、即興的演講

和他的政治見解，甚至他的因縮水而緊貼在腿肚上的熊皮褲，無不給人留下深刻的印象。

他曾向學校老師門特‧格雷厄姆求教，格雷厄姆告訴他要想在法律和政治上出人頭地，必須精通文法。

林肯因而設法借來柯卡姆的《英文文法》讀了又讀，很快就學會了如何清楚、明白地表現自己的思想。

林肯的自信心日漸增強，小店使得他認識了不少的人，他們常拿他難看的地方開玩笑，來這裡的人都知道醜陋的林肯並不對他的笑話著迷。

林肯很喜歡去一家新開的磨坊，因為那裡總是擠滿了人，從他們口中可以聽到最新鮮的消息。他們談論最多的是奴隸制的廢與立。

當時，牧師被認為是最有學問的人。一到冬天，牧師藉著教堂裡爐火的光輝，大聲地朗讀《聖經》，為整日辛勞的人們描繪虛幻的天堂美景。人們受到宗教的感染，情不自禁地高唱讚美詩。

林肯卻有著超乎他年齡的冷靜，他更為關注人類的內心世界，人類的命運比神的啟示更牽動他的注意。他常常在家人做祈禱時分心，父親為此不止一次喝斥過他。

他思考時的神情是如此的專注，即使是一位見多識廣的長者看見他，也一定會誤認為他是一位小哲學家，全然不會

想到面前的少年竟然沒受過多少教育。

林肯對詩歌也很有興趣，他經常把自己做的詩讀給朋友們聽。

林肯既勤奮又聰明，凡是他讀過的、聽過的和看過的，都會在他的腦海中留下深刻的印象。

林肯不放過任何一片寫著文字的紙片，每一個認識的人都是他的老師。「林肯是透過一切感官來學習的。」

後來他的表哥這樣描述道：「我們盡情地交流著思想，往往聊到東方發白。」而林肯自己則謙虛地宣稱，他的學問都是「順手撿來的」。

林肯越來越關心南部的奴隸制問題。從別人丟棄的舊報紙中，他了解到美國正在面臨一項重大的選擇，奴隸制的廢立決定了美國將要走向何方。

報紙使他熟悉了許多偉大的政治家，《獨立宣言》的起草者傑克森成了林肯心中的英雄。每當人們在小教堂裡討論有關的話題時，林肯都是最熱心的聽眾。

他會騎馬好幾個小時到根垂維爾城去，只為了能在商店的桌子上拿起一份報紙，讀那些關於選舉的最新消息。

林肯經常做出這些在別人看來很奇怪的舉動，大家都笑話他是個怪人，除了他繼母以外，沒有人能真正理解他心中那份燃燒著的熱情。那是因為他頭腦中忽然閃現出奇思妙

想，豐富的思想愉悅了他平淡的生活。

　　林肯喜歡在大庭廣眾面前進行演講，渴望有人傾聽他的心聲。為了像一個真正的演講家那樣揮灑自如，他經常走三十英里路，去法院聽律師們唇槍舌劍的辯論。律師們口若懸河、繪聲繪色的辯護和配合得體、雄渾有力的手勢令林肯十分著迷。

　　他情不自禁地模仿律師們的法庭辯護，有時還學得唯妙唯肖，但是人們卻不理解他，經常指著他哈哈大笑。

　　有時他還模仿牧師的樣子對大家講話，神色很莊重，但那些臨時聽眾們卻誤以為林肯在和自己開玩笑，每個人都笑得不可開交。

　　林肯的繼母曾說過，林肯真誠地對待生活，面對不公正的人生從不怨天尤人。命運的坎坷沒有讓他成為心胸狹窄、自私自利的人，反而讓他更加寬厚、富有同情心。只要有人遭受了不公平的待遇，他就會出來打抱不平，假如有誰仗著人多圍攻弱者，他總會不顧安危挺身而出。所有人都不願成為他的敵人，大家都知道這個行為古怪的年輕人非常熱心，時刻準備著去幫助那些處於困境的人們。

　　這時林肯已經意識到，比起拳頭來，筆桿子可能是更為有力的武器。只有勤寫勤練才能有效地提升寫作水準，鍛鍊邏輯思維能力。

描繪法制生活藍圖

來到伊利諾伊州以後，他賺錢的機會多了，因為附近到處都需要最強壯的幫手，而人們都喜歡請林肯來幫忙。一次，一艘小船翻了，沒有人知道如何營救，大家正在為難之際，只見他把一根粗大樹幹的一頭結實地固定在岸邊，又靈巧地攀著樹幹進入河中心，抓住兩個船夫，把他們拉到岸上。

由於這種類似的機智舉動，林肯的名聲漸漸傳遍了這個新的居民區，在這裡還沒有第二個人能給他們留下強大、偉大的形象。一切都尚未成形，人們正在尋找這樣一位出類拔萃的人物，林肯的能力則初步得到了大家的認可。

這裡住著一位獨立戰爭時的老少校，林肯為他修築了一圈十分堅固的柵欄，為此只得到了幾條藍褲子作報酬；而事實上據他所說，這圈柵欄中每一公尺距離所用的木料都需要劈上四百次。不過這位軍官還提供給他書看，對書林肯總是如飢似渴。

在嚴酷的冬天裡，一次他在河裡做運輸，不慎翻了船，經過了長時間的游泳和奔跑之後，他來到了過去曾當過法官的一位農場主家，而這時，他的腳已經凍僵了，因此不得不在這個好人家裡待了幾個星期。有時，他幫忙著搬柴火啦，

往桶裡加水啦，總之，做些力所能及的家事，做這些事他已經習慣了，空下來的時間他便讀了伊利諾伊州的法典，這是他得以閱讀的第二部法典。

林肯把報紙和傳單上的議論、鄰居們的起訴、流動法庭上的判決和他讀過的兩本法典上相對的法規放在一起進行綜合，加以比較。他發現，私有財產概念是法律觀念的基礎，偷竊行為很少見，可能要比扭打當中殺人的數量還少，而且人們也感覺偷竊要比殺人更惡劣。

從小時候起，林肯就習慣於自助，從自己的失誤中而不是從成年人的指導中學習，由過去那個林肯成長為今天這個青年，他首先是從自身其次才是從父母和姐姐那裡意識到了依賴於他人的痛苦。他必須在這片嶄新的土地上獨立。

由於種種機遇，他最終也能夠完成從理論和現實兩方面描繪一幅法律生活圖像的任務。

過去的那個林肯，內心難道不曾有過一股追尋正義的欲望嗎？他難道不曾譴責過動物和人們的苦難嗎？可是現在，這個年輕的伐木人林肯發現了國家的相關保護條款，並且十分迅速地理解了它。

令人高興和驚訝的是，喜歡講故事的林肯開始在鄰居們中間公開演說了。他目前做這些，僅僅是為了讓自己把東西記得更深刻，就像當年他總是大聲朗讀一樣。

　　那時，鄉鎮大會將要對一項改善河流的決議表決。林肯了解這條河，他曾在河上翻過船，也救過人，而且順流而下幾千里直到大海，他知道河流必須得治理。

　　於是一天晚上，他隨表兄弟去參加了一次不拘形式的農夫聚會，並應邀在會上對反對意見進行駁斥。就這樣，這個高大的年輕人站到了一個大箱子上，開始了他的演說並很快反駁了對手。這個從小愛講故事的年輕人已經成長為一名演說者了，但是講故事仍將是他一生的鍾愛。他站在那個箱子上進行的最初的演講肯定是成功的。

　　差不多同一個時期，林肯從報紙上的文章以及競選講話中得到了啟發，自己又寫了一篇關於美國國家形式以及反對酗酒的文章。神父和律師看過之後，便把它推薦給了一份小報，在那上面刊登了。

　　當然，他的強壯要比他的知識傳得更遠。加之他險中救弱，熱情助人，雙手靈活，頭腦聰明，就有一位名叫奧弗特的農場主挑中了他，派他和表兄漢克斯一起再次駕船向南方運送比上次更多的貨物，為此他每月將獲得十六美元。

　　他父親徒勞地想勸說他這個最強壯的也是最廉價的勞動力留下來幫他。但像林肯這樣的年輕人更希望外出闖蕩，去經歷風雨、見世面。

在戰爭中豐富了經歷

1832 年 4 月，美國伊利諾伊州邊界上空戰雲密布，一場以美國移民為一方，土著印第安人為另一方的種族滅絕戰正在醞釀中。根據一次簽約，原先被強行集中到密西西比河以西特定地區的紅種人又在飲馬密河駐紮。

4 月 6 日，印第安人索克和福克斯部落的軍事首腦已率領著 368 名臉塗油彩、頭插鷹翎的戰士和 450 匹戰馬，以及近千名婦幼跨過密西西比河，殺向伊利諾伊州。這位 67 歲的黑鷹軍頭目斷然宣稱，他的子民近百年來一直是在羅克河沿岸漁獵種植，後來白人耍陰謀，用烈酒灌醉了他們，才錯誤簽約，被迫退居河西地區的。如今他們捲土重來，要重建家園，聲明條約作廢。

黑鷹軍團引起了伊利諾伊州的恐慌。這一情況忽然使林肯從無事可做、無錢可賺的餓肚子的境地解救出來。於是，他加入到了一千六百名志願兵的行列中，並在自己的中隊裡被選為上尉。這是他第一次在民主選舉中當選，他永遠都不會忘記。軍隊裡的裝備和伙食都很差，戰士們終日在泥濘的道路上徒步行走，他們趟過河流，越過草原，向西行進。

艱苦的條件沒有把林肯壓倒，只是他們很少遭遇敵人，一個月以後，中隊便自行解散了。然而在短短的一個月裡，

他卻有了一次寶貴的經歷：他生平第一次被打敗了。儘管從很早他就學會了放棄，從不奢求什麼，但他卻自始至終都對自己的實力充滿了信心。

一天，一個叫湯普森的士兵在摔角比賽裡猛地一下子把他摔了出去。從這次眾目睽睽之下的失敗中，年輕的林肯學會了承受更大的打擊。在此之後，他又向湯普森發出了挑戰並兩次把對手摔倒在地。但緊接著他又敗在了少尉安德森的手下。

三十年後這兩個對手還會戲劇性地相遇。

其實，戰爭中他又能做什麼呢？他既不喜歡追蹤，也不喜歡打鬥，屠殺對他來說更是大逆不道。他之所以報名入伍，是出於一種責任感，並非是要去追求什麼刺激，而且他的那種無計畫性也起了一定的作用。他甚至不懂得如何下命令。一次，隊伍必須穿過田野，走過一道大門，到了該下命令的時候，他先是苦苦地想了半天，而後突然冒出一句：「中隊暫時解散，兩分鐘後在大門的那邊集合！」

還有一天，軍隊行進至一座孤零零的軍營。在那裡，他看到了成堆的屍體。多年以後，他像位藝術家一樣冷靜而明了地描述了那幅場景：一座小山，毀掉的兵營籠罩在晨曦中。屍體衝著我們平躺在地上，每個腦袋上都有一個美元硬幣大小的洞，恐怖、荒誕。紅色的晨曦給一切都塗上了一抹血

色。他忽然發現「一個男人身上還穿著一條皮褲子」，這就是目光銳利的林肯的一瞥，他自小就不得不看清事物並快速做出反應，否則便會遭遇危險或是加倍地勞動。在林肯眼中，荒誕即為可怖，在他的一生中，他總能在嚴重的問題中發現怪異。

林肯並沒有成為戰鬥英雄，他曾從自己人手中放走了一個印第安老人，因為士兵們想把這個已經出示了通行證的印第安老人絞死。林肯從未殺過一個敵人，他只會在朋友的屠刀下營救他們。心地善良的他在戰爭中只留下了這件令人難以忘懷的事蹟。

最後，他們終於踏上了歸途，先步行，再乘坐自製的木筏，而後再步行，既沒有帶回鮮花也沒有帶回獎章。

在戰爭期間，他的競選對手們加大了宣傳力度，從戰爭結束到競選揭曉留給他的就只有兩個星期的時間了，短短的兩週時間使他無法進入新的黨派，於是，他的第一次競選計畫就這樣夭折了。但儘管如此，他自己村裡的鄉親甚至是一些民主黨的追隨者們都投了他的票。在八月大選的日子裡，紐薩勒姆地區共有二百零八人選了林肯，只有三人選了他的對手。面對這樣的佳績，林肯其實應該心滿意足了。

戰爭耽擱了他拉選票的機會，然而卻豐富了他的經歷，他更利用此事大做文章。退伍後他風塵僕僕地到處宣揚他的政見。

林肯穿著一件極為短小的混紡牛仔上衣，一條亞麻長褲，戴著一頂草帽四處奔波。只要有幾個人聚在那裡，他就會走過去和他們閒聊，有時是幫他們做事，趁機介紹他的觀點。

臨近九月，林肯入伍的餉銀還要等很久才能到手，現在他失了業，總是心事重重的他必須要填飽肚子，所以只好去找一個穩定的工作。

在漂泊中不停讀書學習

林肯購買了一家商店的股份，成為商店另一位股東威廉‧貝里的合夥人。這是他最容易找到的事業，因為他做過生意，當過店員。後來因為生意不好做，他們考慮開間酒店，零售日常用品和酒類。

1833 年 3 月時他們領到營業執照，而該酒店是貝里以他和林肯兩人的名義開辦的。在他這裡買進和賣出都可以賒帳，根本沒辦法看出生意的好壞，效益的高低。而且讓林肯感興趣的往往不是顧客的錢袋，而是他們的言談舉止，如果「真誠的林肯」身著藍襯衫灰上衣和一條總是顯得太短的褲子站在櫃臺後面的話，即使你沒錢付帳，也不愁得不到你所需要的東西。

　　林肯從早到晚迷醉在書中，反正生意冷清，時間多的
是，倒是書不怎麼多。他從一堆廢棄物裡找到一本印刷精美
的英國法學家威廉·布萊克斯通（William Blackstone）的一本
法律述評，立即如獲至寶地讀了起來。之後，他又跑了二十
多英里路到斯普林菲爾德去找約翰·托·斯圖爾特，他是黑
鷹戰爭時林肯的上級，是一名律師。林肯一認識他，就知道
他是幫助自己學習法律的最好人選。

　　除了借閱斯圖爾特所藏的法律著作外，林肯還讀過愛德
華·吉朋（Edward Gibbon）的《羅馬帝國的衰落》、查爾斯·
洛蘭（Charles Rollin）的《古代史》（*Histoire Ancienne*）。

　　他盡可能地多找一些書來讀，因為他實在不願意向那些
可憐的人們銷售酒，他一直主張節制飲酒甚至戒酒。當酒店
營業後，他的良心一直不安，隨後他就找了個機會，將酒店
的股份讓給了貝里。這個店只經營了十二個月就關門了。

　　1833 年 5 月 7 日，林肯被委任為紐薩勒姆的郵差，
他的年薪從郵務所的收入中抽成。這一工作一直延續到了
1836 年。

　　這份工作顯然成了他維持生計的主要收入來源。每週一
次的收發郵件工作並不很累，更重要的是，在分發報紙之
前，林肯可以先睹為快，這樣，他就讀到了許多此前難以問
津的內容，還養成了從讀報中觀察政治動向和鑽研的習慣，

知識也由此日積月累。

　　他仍舊不斷地閱讀書籍，他讀了郵局送來的所有報刊、雜誌，旅客們借給他的書報以及當時流行的通俗短篇小說。有份《國會環球報》（*Congressional Globe*），登載了美國國會議員們的大篇演說全文。他讀著讀著，不由大開了眼界。

　　一個偶然事件改變了他的生活。一次，一位旅客行李太多，林肯出於好心買下了他的一個破箱子。幾天以後，他打開箱子，在一堆鐵皮盒子和工具當中驚喜地發現了一本殘缺不全的書：那是威廉・布萊克斯通對英國法律的評論，是當時的一本很著名的法律書。從這本書裡，他汲取了很多法律知識，後來當他知道，自己能從法官和律師那裡借到其他法律書籍時，他馬上跑到他們那裡把書借來，從此便開始離群索居，在家裡閉門享受讀書的樂趣了。後來，又有一位博學的醫生來到這個地方，林肯經常和他交談，視野不斷擴大。

　　他當時聽說一位流浪藝術家雖終日無所事事，只愛釣魚，但卻能背誦莎士比亞和伯恩「整段整段的劇本臺詞」。於是，年輕的郵政局長林肯也樂意去找他聊天，從他那借幾本文學書，引導自己走進另外一個更美好的世界。此外，林肯還特別留意找一些故事書來讀。

　　這期間的唯一煩心事是債臺高築，他欠下了許多人的債務，尤其是老搭檔威廉・貝里於 1835 年 1 月猝死，身後沒有

留下任何遺產。而且倆人的債務全都落到了林肯一人身上，金額多達 1,100 美元，這的確使他痛苦不堪。

因為這 1,100 美元的債務而成為他長達 14 年的負擔，甚至他的馬和他後來做測量員所使用的測量工具，都在他離開紐薩勒姆時被公開拍賣，以償付一個猴急的債主。這個債主實在太不了解林肯了，因為林肯已經答應以後會連本帶息還清，而他是誠實而且說話算數的人。

他的一位做土地測量員的朋友曾說過，像林肯這麼聰明的人，在其他地方一定會賺到更多的錢。1833 年秋，林肯應做測量員的朋友之邀當他的測量助手。朋友把林肯帶到了附近最大的一座城市斯普林菲爾德，讓他在那裡的一所學校裡學了一些諸如數學以及如何使用儀器的知識。六個星期後，林肯擔任土地測量員被派回了紐薩勒姆村。

那裡的工作很忙，土地買賣就在反手之間，測量一條街道能讓林肯五天內賺到十五美元，繪製出圖表，便又可以拿到兩點五美元。有時他可以雙管齊下，在測量某處的土地時，順便把那裡的郵件帶過去，送給收信人。有時，林肯甚至偶爾也會由自己的工作聯想到華盛頓，華盛頓就曾在他這個年齡當過土地測量員，當然那是八十多年前的事情了。而且早在當年，華盛頓的薪水就是林肯現在的三倍。唉！畢竟，並非每個人都會成為華盛頓的。想到這裡，年輕人的臉

上綻放出了笑容，吹起了口哨。

林肯自然不滿足於既有成就，他要求的是測量工作能夠精益求精。技術上的長進，鄰里間的信任，更使得林肯在工作中自強不息。一次，他在設計彼得斯堡的一條街道時，竟然做起了一個大彎，違反了街道筆直的原理。眾人大惑不解，紛紛質問林肯。林肯無奈，只得做了一番解釋。原來，把街道打直，就勢必把寡婦傑邁瑪·埃爾摩家的房子劃進街心，從而一舉拆毀，而她拖兒帶女，只有一個小小的農場。

如果沒有債務纏身，這種生活應該算是蠻不錯了。可惜好景不常，不久後，由於那筆 1,100 美元的債務，他的馬被當成抵押品拖走了。沒有了這匹馬，他還怎麼能在這裡自由馳騁呢？而後，他的馬鞍和儀器也相繼被扣押了。朋友們想幫忙要把他的馬贖回來，想帶他一起去拍賣現場，可是他卻婉言拒絕了：因為看著陪伴自己多年的那匹老馬被人拍賣，他沒辦法忍受。朋友們把他的這種奇怪的想法嘲笑了一番後，並把他的馬贖了回來。

在這段時間裡，他真是窮困潦倒。他有時還會去朋友那裡，幫他劈柴澆花，哄孩子，講故事，搖搖籃，而後在那吃飯，過夜。但他的手裡總是不離書本，只要心情稍好，他就

埋頭看起來。林肯的心裡是早就繪製了法制生活藍圖的，所以這樣的閱讀和學習，就使林肯又有了一次新的機遇。

替無罪的人辯護

1833 年 9 月 9 日，林肯通過在伊利諾伊州最高法院兩名法官的主持下的律師業務考試取得了在伊利諾伊州所有法院裡開展律師業務的許可證。此後，林肯與約翰·托·斯圖爾特合作開了一家律師事務所。

在當時的美國中西部新開墾地區，所謂法院，是採取一種到各處巡迴工作的組織方式。所有檢察官、律師、書記官，都依照城鄉下去，在所到的各市鎮上，開庭審理。

貧窮的林肯，起初是騎一匹從朋友那裡借來的馬，到後來才自己買了一匹坐騎。不過，他並沒有僱用馬夫，一到投宿的地方，就得自己動手為馬洗澡，還得切草料餵馬。

這個高個子的大漢，手提著一隻大旅行包和一把布傘，昂然騎在一匹瘦馬上的樣子，簡直是唐吉訶德再世！由於他較為出色的工作，他被選為輝格黨的議會領袖兼議會財政委員會主席。

當時的法庭，往往設在較大人家的木屋裡，有時設在學校或教會裡。如果一時找不到這種場所，就只有露天開庭

了。這樣多少帶著原始的情調，可是，也因此充滿著溫暖的人情味。

當時的美國中西部地方，是民性強悍的新開墾地區，所以，血腥的凶殺案、酒醉殺人案，層出不窮。

一天，林肯聽人家談論著一樁奇異的殺人案件：「在梅松鄉的一個村子裡有一群青年，在酒店裡喝醉了酒以後，就開始他們家常便飯的打架。打過架以後，第二天早晨，他們之中的一個名叫墨凱的，竟在家裡死去了。」

「哦！看來這案子倒有點可疑。那個殺人嫌疑犯，是一個怎樣的人呢？」

「是個叫威廉‧安斯屈倫的年輕人，是他和墨凱大吵了一架。」

安斯屈倫！當林肯失業，欠了人家 1,100 元債務，弄得走投無路的時候，曾經很親切地收留並照顧他的，不就是安斯屈倫嗎？

那時候，林肯還常常為他照顧孩子。那孩子的名字，就叫威廉，現在已經長得那麼大了嗎？屈指一算，那已是二十年前的往事了。

「無論如何，我非去救威廉不可！」林肯立刻站起身來，到房間裡寫了一封信。

這個時候，安斯屈倫已經去世了。當威廉和母親正為無

法洗清冤枉苦惱的時候，他們接到了林肯的來信：

聽說你們遭遇了一場不白之冤，你的孩子蒙受殺人嫌疑而被捕了。這個孩子，我絕對不相信他會闖出那樣無法無天的大禍來。

這案子一定要受到公正無私的審判。同時，為了報答你們過去給我的長期幫助，我要無代價地來為這個案子辯護。

審判的日子終於來了。在經過一番仔細的調查以後，先把查爾斯・亞倫——這個自稱親眼看到了行凶的人傳上法庭。那人就把安斯屈倫在樹林邊空地上，怎樣殺死了墨凱的經過，活靈活現地在法庭上述說了一遍。

承辦這個案子的檢察官是個很有名氣的人。林肯站起來，對著證人所作的供詞，開始提出反問：「我先要問證人，是不是在安斯屈倫殺了人離開以後，被害人墨凱才倒在地上的？」

「不是的。在不到三十分鐘以後，墨凱爬了起來，就由五六個人，把他扶上馬，馱回家去。」

「這樣說來，墨凱當時並沒有死。」林肯笑著，把放在證物臺上的一根細長的棍棒，高舉在手裡。「這是打架時所用的棍子，是不是？」

「是的，沒錯。」

「有一點，檢察官似乎漏問了，打架是發生在什麼時

候？」

「是在十點半以後。」

「打架的時間，怎會這樣清楚，是不是證人在那時曾看過鐘錶呢？」

「並沒有看，不過因為酒店總是在十點半關門的。在打架開始以前，大家就鬧哄哄地從酒店裡出來。我是看到了大家才回去的。」

「好，我還要問證人，他們打架的時候，你站在離現場多遠的地方？」

「十公尺左右的地方。」

「不過還是看得很清楚的，是不是？」

「是的，看得很清楚。因為那晚的月亮照耀得像白天一樣。」

「月亮是在哪一邊？」

「剛巧在頭頂上。像正午時的太陽。」

「那麼，我還要問明白一點：證人知不知道，在法庭上故意做偽證，是要受偽證罪的處罰的？」

「知道。不過，我所說的話，都是實在的。」

「好。現在，請傳訊奈爾遜·瓦特金斯。」

這時候，林肯就盤問另一個證人。他是一個農村青年。又把剛才那根棍子拿過來，舉在手裡給他看，接著問道：「證

人有沒有看到過這根棍子？」

「看到過，這是我的棍子，是我親手做的。」

「沒有錯吧？」

「沒錯。大約一年前，因為我要捉麻雀，才做了這根棍子的，你看。」

接著，他伸出手來，指著那根棍子的柄說，「在這裡，還刻著我姓名的縮寫字母。可是，這根棍子太重，用起來不太方便，所以，就把它扔掉了。那是在聽到墨凱被殺的消息以後。」

「這樣說來，當他們打架的時候，這根棍子還放在你家裡是不是？」

「是的，放在我家衣櫃的抽屜裡。」

「好，這樣就夠了。」

接著，林肯又把所有各種證據，仔細看了一遍，又站了起來：「各位陪審員，最後，我還要提出一個證據來。這證據，就放在我的衣袋裡。」

說著，就從口袋裡掏出一個小本子來。他說：「在這個小本子裡，記載著各種有趣的事情，實在是一本很方便而有用的書。因此，這本書可以證明檢察官所傳的證人，所說的話都是假的！」

把封面給大家看了看，然後說：「這是一本曆書。在這本

曆書裡，關於一月二十五日的夜月，是這樣描寫的，讓我讀出來：『在中西部各州，月亮在十點十七分整落下去。』」

　　旁聽席上，響起一陣驚異的聲音，因為這是一個意想不到的反證，而且，是無法動搖的鐵一般的事實。

　　證人亞倫臉色發青，身子搖晃得幾乎要倒下來！

　　林肯斜著眼睛望著他說道：「各位，那天晚上，月亮早在十點三十分前就沉下去了，這是無法變動的科學事實。而且，那個所謂行凶的現場，是在深谷底的樹蔭裡。所以，結果證明證人亞倫是隨便撿來一根棍子，做了一篇虛偽的證詞。」

　　接著，林肯又不慌不忙地發表意見：「各位！法律是公正無私的。我早就相信安斯屈倫無罪。可是，要找出反證來，推翻這個撒謊的證人所作的證詞，的確是費了不少苦心。我正在那裡研究這案子的時候，昨天半夜裡，掛在半空中的月亮，給了我一個啟示，所以我才去查查曆書。」

　　林肯接著說：「啊！我還不曾有過這樣高興的事情。因為，這個可憐的冤屈者，是我的大恩人的後代。」

　　「這個恩人，現在已經離開人世了，而他的太太和兒子，正被冤屈折磨得苦惱萬分。我能夠幫助他們，總算報答了我所受到大恩的萬分之一。」

　　林肯最後說道：「各位陪審員，夕陽馬上就要下山了。我

希望趁著晚霞的光芒還沒有消退以前，對這個遭了誣陷的被告，宣告無罪！」林肯臉上，掛滿了熱淚。那些聽眾，也一個個淚水縱橫！

　　審判長在獲得了陪審員的答覆之後，很莊嚴地站起來宣告：「被告威廉・安斯屈倫無罪！」

第三章　政海試航

讓人民了解事實，國家就會安全。

正像我不想做奴隸一樣，我也不願做主人。

在政壇關注奴隸問題

　　1836 年 12 月 5 日，伊利諾伊州新一輪的競選又拉開了帷幕，林肯再度參選。經過了一番起起落落，最後他終於當選了。兩年後他又再度當選，從 26 歲到 34 歲的連續八年期間，林肯一直都是伊利諾伊州州議會的議員。

　　在這幾年當中，林肯並不染指政黨內的陰謀詭計和明爭暗鬥，而是集中精力思考伊利諾伊州的幾項重大問題，從而創立了本黨派的做事原則並奠定了它的思想基礎。在當時，占據林肯心中的最大問題就是奴隸問題。他再一次覺得有一隻拳頭打了過來，那是命運之拳。

　　關注奴隸問題，那是年輕合眾國的一塊心病，在其成立之初就曾困擾過它的創始者們，但被他們巧妙地避開了，現在兩種對立的力量越演越烈。

　　奴隸制儘管邪惡，而攻擊這種邪惡也不太明智。在力量不夠之時，林肯是極為理智的，他一方面譴責奴隸制，卻又不主張激進的廢奴方式。

　　在林肯剛剛擔任伊利諾伊州議會議員的時候，他明顯地感到奴隸制問題越來越明顯地成為了關係到美國國計民生的大問題，南部一次又一次地面臨崩潰。關於這個問題，林肯研讀了很多歷史方面的書籍，他了解到，當年的「五月花」號

輪船是如何載著十九個黑人飄流到這裡，他們是如何滿懷著喜悅和憂慮，希冀和恐懼在美洲登陸的，但是他們來到這裡的結果卻是若干年白人和黑人的刀兵相見，浴血以對。

林肯知道，人們曾經就是否在憲法當中寫入奴隸制進行過爭論，其結果是，議會駁回了將其記入憲法的議案，最終只是用這樣一段模糊不清的話提到了奴隸制，「各國的公民人數應加入其他五分之三定期在本國服役的人員數目。」林肯心裡非常清楚，這些所謂其他的服役人員無疑便是奴隸了，而透過這種人口普查得出的結果，無疑也會增加南方奴隸主進入內閣的名額，南方派藉此在內閣中占據了多數。

與此同時，屬於美利堅合眾國的西北諸州卻做出了這樣的決定：「奴隸制將在這個地區的所有州份以及即將出現的所有州份中被永遠禁止。」這又是何等尖銳的內部爭鬥！

蓄奴州主張的自相矛盾顯而易見，林肯對此非常憤慨：一個嶄新的國家，一個同樣建立在人人平等基礎上的國家，竟允許就連古老歐洲的等級社會中都不曾有過的對人性殘酷的束縛在自己疆域內滋生蔓延，把自己的一部分公民變成另一部分公民的私有財產。而國家的經濟恰恰就建立在這成千上萬毫無權力的人們艱辛勞動的基礎之上。在膚色面前，道德失去了本色，除了用妥協換來鎖鏈以外，這群無依無靠的人又能夠怎樣來自救呢？在合眾國建立之初，這塊土地上只

有六個蓄奴州，雖然憲法中寫得清楚明白，將禁止任何新蓄奴州產生，但是林肯那個時代，美國國土上還是又頑固地建立起了十四個這樣的奴隸制州份。

當年，當人們要把剛從法國購買來的廣袤的路易斯安那劃分成幾個新州，並在密蘇里河口建立一個奴隸制州份時，衝突爆發。一場人民戰爭似乎一觸即發，當時，年邁體弱但仍舊德高望重的傑佛遜預言說：「這是黑夜裡響起的警鐘！」為了拯救整個合眾國，克萊明顯違背了憲法的意志，向密蘇里做出了讓步，他決定：「路易斯安那州北緯三十六度三十分以北的所有地區禁止實行奴隸制，但即將建立的密蘇里州除外。」

在此之後的十五年裡，奴隸制問題日益突出。越來越多的外國人，特別是德國人來到了美國，他們辛勤的勞作，憑藉更加精良的機械種植棉花，在灌木林的周圍開墾土地，並在密蘇里和其他地區代表西部與南部展開了較量。此外他們還種植菸草和小麥，而且不久就把產量提升了四倍。這些外國人當然也反對奴隸制，他們中的一些人加入了輝格黨，並在當時和以後很長一段時間裡成了林肯的忠實選民。新形成的西部壯大了，借助它的力量，北部代表順勢在內閣中提出了要提升保護稅額的建議，這一提案在南部引起了軒然大波。南卡羅萊納人聲稱將以武力反對政府所做出的任何一種

企圖提升稅收的舉動，並斷然宣布這一稅制永不生效。面對這種情況，美國政府該作何處理呢？下令挺進南方，拘捕那裡的暴亂頭領嗎？萬萬不可！

於是，人們開始調解矛盾，對南部酌減稅額，衝突結果是：南部取得了勝利，暴亂頭領在那裡被當做英雄受到擁戴。

在衝突中，南方奴隸主們的自我優越感有了不小的作用。這也許是因為絕大多數的總統來自南方或者為南方效力的原故吧。那時，誰想在社會上出人頭地，那麼最好是能靠上一個滿世界都知道的南部高貴榮耀的古老家族，給自己撐腰，而無須去理睬北方那些終日無所事事的理想主義者，或者斤斤計較的小企業主們。首都的氣氛也仍舊絕對有利於南方，如果當時沒有人在各處宣傳南方奴隸們悲慘命運的話，那麼人們幾乎會給那些悠哉悠哉的奴隸主們歌功頌德了。

在伊利諾伊也是這樣，雖然全世界人民都在聲討奴隸制的罪惡，但是若有一個富有的過路人帶著幾個黑奴走進旅館的話，這裡的女人們還是會伸長了脖子豔羨地瞅上老半天。

舉行每屆州議會會議的萬達利亞又被擠得滿滿的。八十一位議員先生分坐在兩個大廳裡。萬達利亞是一座舊式殖民風格的小型建築，具有木質的講臺和木質的牆壁，還有一個類似華盛頓美國國會大廈的拱頂，因此被人們戲稱為「國會大廈」。

在這些人當中，剛剛借錢買了套新衣服的州議會議員林肯正穿著嶄新的藍色西裝坐在這個簡陋的大廳裡，沉默不語。

在議會會議期間，林肯每天能拿到三美元的補助，以及一些墨水和紙筆。現在，他在想些什麼呢？

林肯是在專心地聽著律師和政治家們的演說嗎？雖然只是個土地測量員和郵政局長，他也曾走南闖北頗有些見識，而且在過去的日子裡他學會了所有他能夠學習的東西，這幫演說家未必比他更博學。對他來說，那些講話的確不怎麼精彩，他也沒有發現什麼出色的大師，換句話說，這些演講根本引發不出他的靈感和熱情。

因此，每次會議開始的時候，年僅二十六歲的林肯總是靜靜地一言不發，只有當他們回到客棧，其他議員都摘下自己傲慢的假面具時，他才開口給大家講些有趣的見聞。

可就這樣，林肯的名氣越來越大，一些人給他起了個綽號叫「酋長」；另一些人則以一種懷疑的態度觀察著他的沉默。總之，不會有人忽視這個大個子。

就在這些人當中，有一個年輕人對林肯觀察得特別仔細。他和林肯可謂是截然不同：矮矮的，胖胖的，寬肩膀，闊胸脯，大腦門，精力充沛，願意到處蹓躂，這裡聽聽，那裡聊聊，就像是在仔細感受著每一點風吹草動。他是個公務

員，民主黨人，同樣的貧窮，比林肯還略小幾歲，他就是史帝芬·道格拉斯（Stephen Arnold Douglas），來自於一個知識分子家庭。

史帝芬·道格拉斯做事有韌性，能屈能伸，頭腦靈活，善於交際，處世圓滑。其性格與做事直率、獨來獨往的林肯完全相反。有時候，林肯和他也會坐到一起聊聊，但林肯很少像他那樣認真地注意他。道格拉斯則不同，他關注著每一個人，因為他有野心，他希望自己能平步青雲，他的眼睛總是盯著那個最高的位置，所以這裡所有人都是他的對手。

在伊利諾伊州議會的所有活動中，史帝芬·道格拉斯在心裡估量著每個人的分量。最後他自以為是地確認，林肯這個大個子肯定不會危害他的前程。

州議會休會之後，林肯又返回了紐薩勒姆村。

進一步展開政務活動

1837 年 4 月 15 日，林肯背著簡單的行囊，離開了紐薩勒姆村，來到了規模較大、擁有 1,400 名居民的斯普林菲爾德市。

林肯在他的馬鞍袋子裡裝進他所有的財物。他僅有的東西便是幾本法律書籍和幾件衣服。他同時也帶著一隻舊的藍

色短襪，裡面裝著一些銅板。

林肯是騎著借來的馬在 4 月 15 日到達斯普林菲爾德的。他在公共廣場的西北角勒住馬，走進了約書亞‧斯庇德開的百貨商店。

林肯此刻需要的家具得花 17 美元，那的確不貴，但他沒有現金。他便說：「如果你能讓我賒帳到聖誕節，同時我在此地做律師開業順利的話，我會在那時如數償還。萬一我不走運，那就只好繼續欠下去了。」

約書亞‧斯庇德聽見這麼哀傷的聲音時，不覺得抬起頭來。他看見了他這一輩子從來不曾見過的一副憂鬱哀傷的臉孔，他便起了惻隱之心。斯庇德後來不勝感慨地說道，林肯問話時的「可憐兮兮的聲調使我油然生起了惻隱之心，我從來都沒有見過如此憂傷的面容」。

他當時就向林肯說：「假使這麼小的一筆債都能如此地影響你，我想我能夠提供一個建議，使你不致招來任何債務，而且也能夠達到你的目的。我有一間很大的房間和一個很大的雙人床，如果你願意的話，你盡可與我共床。」

林肯問道：「你的房間在哪裡？」

「在樓上。」斯庇德邊說著，邊指著那個通至斯庇德臥房的樓梯。

林肯二話不發就將馬鞍皮袋放在手臂上，然後走上樓

去。他將它們擱置在地板上，再下樓來，高興地叫：「實在太好了，斯庇德，我太感動了。」

就這樣，林肯從此便和斯庇德一起睡在商店的樓上，而且不付任何房租，直到斯庇德五年後賣掉他的商店。他和斯庇德抵足而眠，抵掌而談，莫逆於心，長相為友。這是他在定居斯普林菲爾德時結交的第一位好友。

而後，他的另一個朋友威廉‧巴特勒，便接林肯到他家裡去，不但供給他四年食宿，並且還替他購置了好多衣服。

志同道合是林肯結交朋友的基礎。他到斯普林菲爾德後除了結交商人斯庇德和文書巴特勒之外，還與歐文‧拉夫賈伊成為患難中的一對好友。拉夫賈成為林肯終生不渝的「最忠實的朋友」。

林肯與朋友新開設的聯合律師事務所恰好和巡迴法庭的審判室同在一幢樓裡。這棟兩層樓房座落在斯普林菲爾德市的霍夫曼路，審判室設在樓下，樓上是聯合律師事務所。

聯合律師事務所因處於草創階段，資金匱乏，一切設施從簡。那時林肯的這位朋友正忙於競選國會議員，事務所的工作大多由林肯全權處理。在負責辦理訴訟案件的間隙，林肯仍然保持與選民們的廣泛接觸，爭取他們在政治上的支持。

做事踏實，不務虛名，是林肯的最大特色，也是他廣泛

交友的成功所在。這正合了「土幫土成牆，窮幫窮成王」的古
諺。而兩袖清風，克己奉公，則是林肯事業有成，在政治上
逐步崛起，成為出類拔萃人物的先決條件。

　　1838 年，林肯在斯普林菲爾德的青年學會發表了一篇題
為「永保美國政治制度之青春」的演說，闡述了一些極其重要
的思想精髓，表達了他對美國的未來、人身自由和個人義務
的熱愛。他向年輕一代聽眾指出：

　　不管什麼時候，聽任一小撮歹徒滋事生非，聽任他們燒
毀教堂，搶劫倉庫，破壞印刷機，槍殺編輯，隨心所欲地吊
死或燒死他們所討厭的人，聽任他們逍遙法外，那我就可以
斷言，這個政府必定短命。

　　他呼籲大家行動起來，保衛革命先驅者用生命所贏得的
權利，不讓這一權利受到侵犯。

　　這是林肯二十九歲時所持政治觀點的傾情直露，演說的
內容是精闢的，扣人心弦，言近旨遠。

　　1838 年夏，林肯再次參加州議員的競選。8 月 6 日投票
結果表明，林肯在十七名候選人中名列榜首。同年 12 月，州
議會在萬德利安開會時，輝格黨人提名林肯為州眾議院議長
候選人，結果落敗，林肯仍然擔任州議會中的輝格黨領袖。

　　1839 年 3 月 4 日，州議會休會，林肯從萬德利安返回斯
普林菲爾德，重操他的律師舊業。

經歷曲折的婚姻

1839 年，有一名女子來到城裡追求林肯，還決意和他結婚。她就是瑪麗·陶德（Mary Todd）。

瑪麗·陶德家世顯赫，她的祖上曾出過將軍和州長，父輩中有一位後來做過泰勒總統的海軍部長。她的父親當過肯塔基州參眾兩院議員，做了二十年肯塔基州萊辛頓銀行總裁。她比林肯小九歲，是個急脾氣的人。儘管曾在萊辛頓一所貴族學校受過教育，卻只使得她舉止高傲，目中無人，自信心過度膨脹，總以為自己有一天必定會做總統夫人。

在林肯面前的這個女人美麗大方，高度適中而略胖，圓圓的臉蛋，深褐色頭髮，藍灰色的眼睛，說話則時常帶點法語，因為她的法語很好，並且是正宗的巴黎口音。現在，她面帶微笑，和藹而迷人。

年輕的林肯自從結識了瑪麗小姐，就被她的風采和嫵媚所吸引。這位潑辣而又有才的少女在「上流女校」受過教育，會講一口流利的法語。她體態豐盈，容光煥發，性情活潑，善於交際。

1840 年，在林肯和瑪麗·陶德認識一年之後，雙方訂了婚。這時，她的姐夫和胞姐雙雙反對，認為她和林肯出身不同，不是門當戶對的佳偶，還指責妹妹屈身下嫁，是自暴自

棄的表現。瑪麗‧陶德聽了大不以為然，她理直氣壯地說，
林肯很有前途，是她所接觸到的人中「最中意的對象」。

　　她有做總統夫人的野心，她要使他成為舉止講究、風度
翩翩的紳士。她的心中常常浮現他父親的影子，那個衣著整
潔、頭戴禮帽、腳套長靴、手執金杖氣度超卓的紳士，她希
望林肯也能如此表現。穿上那身新衣的林肯先生多麼神氣
呀！瑪麗陶醉地看著，彷彿自己在總統夫人之路上又更近了
一站。

　　林肯的確沒有辜負她的期望，雖然林肯在社交場合常常
不知如何是好，在女性面前他的長手臂、長腿也成為他的累
贅，常令他不知所措。

　　然而，當他站在大眾之前，在大眾的烘托之下，他的長
腿使他顯得如同鶴立雞群，他的長手臂有力地揮動，指引著
大眾的熱情，他們被他才華橫溢的演講所激動，他們吹著口
哨、拋著帽子，向他表示歡呼及擁戴，他們使林肯沉浸在成
功的喜悅之中。

　　瑪麗‧陶德和林肯訂婚後不久，她就想改造他。因為林
肯在熱天裡從來不穿上衣，通常僅穿一條背帶吊著的褲子，
若有鈕扣掉了，他就削一根木釘把衣服綴起來。他還在帽子
裡擺上一些亂七八糟的東西。

　　瑪麗像是一匹馬，她希望迅速抵達目的地，她的急躁脾

氣也使她快人快語，而林肯像牛一般慢吞吞的反應令她發狂。林肯開始收回他恍惚的目光，手執他僅剩的一根背帶，安靜地說不出話，他難以理解她為什麼會莫名其妙地發火。

瑪麗小姐是怎麼了？林肯覺得她越來越沒有耐心，而他也逐漸對她失去了愛意。他的牛脾氣使她的馬脾氣失去控制。

經過這番舉動，解除婚約看來是不太可能了，林肯看著結婚日期漸漸逼近，真正體會到愛爾蘭人怕絞索的滋味。

他解除不了婚約而他卻不想和她結婚，但他現在已無法再拖延，他沉入更深的憂鬱之中，即使他久經風霜的神經也難以忍受時光飛逝的重壓，而那一天終於來了。

1841 年 1 月 1 日，愛德華茲的私宅煥然一新，房間裡鮮花爛漫，壁爐裡火光熊熊，孩子們嬉笑追逐，大人們談笑風生。

這新年的第一天天氣特別晴朗，陽光分外燦爛。這一天，斯普林菲爾德最有前途的輝格黨領袖的婚禮正在如期舉行。

瑪麗・陶德等待著新郎前來迎娶。大蛋糕擺上了桌子，客人們紛紛前來致賀。

黃昏來臨，夜幕降臨，該來的都來了，只有新郎沒有來。尋找的人們找遍了斯普林菲爾德的大街小巷卻不見他的

蹤影。客人們告別了愛德華茲的房子。瑪麗跑進了自己的房間，她傷心地扯掉婚紗，撲倒在床，羞憤而絕望。

當人們最後找到他時，發現他在自己的律師事務所內喃喃自語。他立即被宣告精神失常，用以解釋他為什麼不去迎娶新娘而為瑪麗‧陶德挽回臉面。

他的內心在掙扎。他是一個言出必行的人，而事實上他食言了，他在最後一步抽身而使整場戲因缺少主角而失敗。

他在感情與理智的激流中掙扎，理智告訴他，他必須兌現承諾，感情告訴他，他絲毫不喜歡她，而且與其結婚而忍受她的火爆脾氣還不如逃離。最後他分不清到底哪是理智哪是感情，他感到極端壓抑，瀕臨崩潰。

逃婚後三個星期，林肯在收到斯圖爾特的信後回信給他，這封信寫得悲慘至極。林肯寫道：

我現在是世界上活著的最不幸的人。假如將我所感受的平均分給全人類，那麼地球上再也找不到一張笑臉，要我保持現狀是不可能的。在我看來我不是選擇死亡，就是要把自己的精神控制好。

斯庇德怕他去尋死，所以林肯就被帶往路易維爾附近的斯庇德母親家中。

在這裡，林肯得到一本《聖經》並被安頓在一間幽靜的房子裡，窗戶朝著一彎清溪。溪水蜿蜒地流過草原，通往一英

里外的森林。

在此後的兩年內，林肯完全不理會瑪麗‧陶德，只希望她把他忘了，並希望她能改嫁別人。但她始終不肯，因為這與她的面子有關，主要是因她的自尊心所使然。

她決定要對她自己和那些輕蔑或憐憫她的人們證明，她是能夠並且一定會和林肯結婚的。

而林肯也是下定決心不和她結婚的。事實上，林肯心意非常堅定，所以在一年之內就向另一個女子求婚了。她叫做薩拉‧李卡德，是巴特勒夫人的妹妹。

一天，林肯跟她談論《聖經》，說在《聖經》裡林肯跟薩拉結婚，現在他們的名字正意味著天意，於是林肯向她求婚。

她卻毫不猶豫地拒絕了，理由很簡單，他們的名字也許天造地設，但是他們的年齡卻天差地別。她才十六歲，根本很少考慮結婚這類事。而林肯三十二歲，他迫切需要結婚，只要不是瑪麗‧陶德，誰都行。

林肯為當地的《桑加芒報》寫社論，主編西蒙‧法蘭西斯是他的一位密友及支持者。法蘭西斯的妻子常愛管閒事，以月下老人自居。一天，林肯應法蘭西斯夫人之邀前往她家，他不知她同時還邀請了瑪麗‧陶德小姐，於是冤家路窄，兩人再次有了接觸。

　　林肯無法逃避，硬著頭皮再次向瑪麗求婚。她終於等到了挽回臉面的一天，她一直不肯嫁人，一直希望他回心轉意，並曾說只要林肯先生願意隨時可再次向她求婚。

　　她知道林肯出於維持他的名譽不得不和她結婚，他這頭牛被安上了轡頭，在她的牽拉之下不吃回頭草才怪呢！而她身為馬卻從來不曾離開那片草地。

　　1842 年 11 月 4 日，這天是星期五，在林肯有點迷信的心中是個不吉利的日子。這是個秋日的上午，當 33 歲且高大的林肯和 24 歲嬌小的瑪麗走向聖壇時，林肯似乎毫無幸福可言。在這之後，他曾以一種絕望的口吻說過一些稀奇古怪的話。在那張小小的婚禮宴席桌前，他也興高采烈地講了些故事，因為那天是「灰色的星期五」，而且新婚夫婦都很迷信，他想活躍一下氣氛。

　　一切都匆匆忙忙地進行，而匆匆忙忙烤做的蛋糕上的奶油卻不能匆匆忙忙地冷卻。林肯匆匆忙忙地穿上新衣、擦著皮鞋，巴特勒家的小兒子以為他要出門，問他上哪，林肯衝口而出：「我想是到地獄去罷。」

　　想到婚後的恐怖，他不禁有些顫抖。他臉色蒼白地出現在婚禮上，無法掩飾內心的緊張，看上去簡直像去屠宰場。婚禮終於結束，他和他的新婚妻子住進環球飯店，食宿費每週需要四美元。

不久後，林肯在一封商務信件中寫下了這樣幾句話：

這裡除了我的婚禮以外沒有什麼其他新鮮事，結婚對我來說純屬意外。

除了這封信外，林肯還寫過其他很多關於他這次婚姻的信件。這些信件在很大程度上說明了他內心的不安，字裡行間也暗示了他的絕望，死亡問題帶給他的苦惱以及活在現實中所受的地獄般的煎熬。而這一切都發生在婚禮進行曲響後的一年當中，在充斥著市民氣息的圈子裡！

瑪麗既然成為林肯太太，她就得奪回她的尊嚴。她不停地抱怨他的衣冠不整、儀容欠佳，他的手太大，他的腿太長，他有時竟然一條褲管紮在靴內，而另一條則套著靴子。瑪麗有一次大怒之下，竟將一杯熱騰騰的咖啡潑在林肯臉上，而且是當著其他房客的面前。林肯則一聲不響地坐著一動也不動。

斯普林菲爾德有十一名律師，而他們不能全在那裡謀生。於是他們常常就騎著馬從一個鄉鎮轉到另一個鄉鎮，總是隨著大衛‧戴維斯走遍第八司法管區裡許許多多不同的地點出席法庭。

別的律師們總是設法在每個星期六趕回斯普林菲爾德，與家人共度週末。

唯獨林肯沒有，因為他害怕回家，所以總是在春季的三

個月，以及秋季的三個月裡一個人逗留在外邊巡迴，從不走近斯普林菲爾德。

　　瑪麗總是在抱怨，因為當她的朋友們走進房子時，林肯從不起身相迎，也不會走過去接她們的外衣表示歡迎，甚至當訪客離開時，他也不會到門口送客。

　　他喜歡躺著讀書。下班回家後，他就即刻脫掉他的上衣、皮鞋以及領帶，並把他前邊的背帶解開，再把走廊上的一張椅子翻倒在地，在它斜背上放枕頭，然後將他的頭和肩頭靠過去，四肢舒展地躺在地板上。

　　一位婦人曾和林肯家人同住兩年，她說：有一天晚上林肯正好躺在走廊上讀書，恰巧有客人來。不等僕人去開門，他就跳起身來，穿著襯衫就走過去，把客人們引進客廳裡，還說他願意為她們引路。林肯夫人在隔壁房間看見婦女們走進來，又聽到她的丈夫如此開玩笑的話後，她便大發雷霆，說要給他好看，他卻高興地溜出屋外。直到夜深人靜時才回來，而且是由後門悄悄地溜進來。

　　林肯夫人常常因為花園裡沒有花草樹木而抱怨。於是林肯就種了一些玫瑰花，但他一點也不關心它們，不久它們便因失去照料而枯死。即使後來她催促他布置一個花園，其結果還是長滿了野草。

　　雖然他不太喜歡勞動，但他還是餵養並刷洗一匹名叫

「老白」的馬。他也餵養自己的牛並親自擠奶而且也鋸家用的木材。林肯時常心不在焉，總是沉溺在出神的狀態中，看起來就好像已經忘卻了這個世界和其中的事物。

在星期日，他總是把嬰兒放進一部小推車裡面，然後在家門口那崎嶇不平的人行道上推著來回地走。有時小孩子會突然跌出車外，但是林肯還是依然推著，而他的雙眼盯著地上，一點都聽不見他背後那種號咷大哭的聲音。

他根本不曉得到底發生了什麼事，直到林肯夫人從門口探出頭來，以尖銳的聲音向他大罵。

有時他在辦公室勞碌了一天，回到家來，看到她卻視而不見，也不說話。他對食物很少感興趣，她將菜餚準備好後，經常要費一番力氣才能把他叫進餐廳。儘管她叫著，他卻好像沒有聽見。他總是坐到餐桌邊，望著天花板直發呆，直到她再催促他。

夫人常批評他從來不管教孩子。因為過度疼愛他們，所以就看不見他們的過失。但他卻從不忽略稱讚他們的好行為。林肯曾說過：「我喜歡我的孩子們自由快樂，且不受父母專制的管束。愛才是把孩子和父母連接起來的原動力。」他縱容他的孩子們有時又顯得太過度了。

一次，當他和最高法院的一位法官在下棋時，羅伯特來通知他的父親吃飯時間已到。林肯回答：「好，好。」但是因

為下棋太專注了，所以他又忘記了，然後又繼續下棋。

　　孩子第二次來，說母親已催促他們。林肯又答應說快好了，但仍然忘記。

　　第三次羅伯特又來喊，而林肯也第三次答應了，但仍然繼續下棋。於是，這孩子突然地一下子把棋盤踢得比玩棋人的頭還高，棋子到處亂飛。

　　但事後，林肯顯然還是未曾想到要教訓他的兒子。有時在星期天的早晨，林肯就帶著小孩子到自己的辦公室去。在那邊，他們被獲准可以搗亂，所以他們就在書架上亂翻，接著搜抽屜，又亂倒盒子，還把鉛筆丟進痰盂中，甚至把墨水瓶翻倒在紙上，也將信件散落一地，並在上面亂跳。

　　林肯卻從來沒有責怪過他們，也沒有向他們露出一個父親常有的厭煩表情。夫人難得一次到辦公室去，但當她去時，總是會被嚇一大跳。

　　因為那地方可說是沒有秩序，到處堆滿了東西。甚至將好多文件捲成一束，並在上面寫著「如果在別處找不到，請翻翻這一束吧」。

　　瑪麗・陶德很輕視長輩們，也十分瞧不起湯瑪斯・林肯一家人，她以他們為恥辱。所以林肯怕即使他們來了，她也不肯接待他們進門。

　　所以二十三年來，林肯的繼母住在離斯普林菲爾德七十英里以外的地方，只有他去看她，而他的繼母卻從來沒有到過他家。

　　在林肯結婚以後，唯一到過家裡的一個親戚，是個遠房的堂妹，叫哈烈‧杭克斯，是個性情溫和且頭腦清晰的女子。

　　林肯本著基督一般的忍耐來容忍這一切，很少去責難夫人。她越鬧越厲害，次數也越多。

　　林肯的朋友們都為他難過。他沒有家庭生活，也從不邀請他最親近的朋友來家裡吃飯，就連橫登或戴維斯法官都沒有請過，而他自己也是盡可能地避開瑪麗，晚上就在律師圖書館和其他律師們閒聊，或是在迪勒藥局裡跟大家講故事。

　　林肯的夫人是一位潑婦，林肯曾多次被她用掃帚趕出家門，只要林肯對別的女人多看上一眼，她就必定大吵大鬧。有一次，林肯夫婦在一家旅館裡和客人們一起吃早餐，林肯不知講了句什麼話惹惱了太太，她不由分說，立即端起一杯熱咖啡，當著眾人的面，劈頭蓋臉地向林肯潑去。在二十多年的婚姻生活中，林肯一直扮演忍讓克制的角色。

　　無論外界怎樣責怨和嘲諷瑪麗‧陶德，林肯仍然在內心肯定著她的價值，就像他肯定千千萬萬個美國民眾身上的積

極面一樣。並且，十分難得的是，在痛苦的慢慢煎熬中，他學會了保存能量，在內心深處沉重的壓力下，他天生具有的耐心、容忍、克制和原諒都得到了錘鍊和提升。

政海試航不斷進取

1839 年 12 月，根據林肯的倡議，在斯普林菲爾德舉行了全州輝格黨首屆代表大會，林肯在會上被選為州的輝格黨中央委員會委員。大會還提名俄亥俄州前國會眾議員、參議員威廉‧亨利‧哈里遜（William Henry Harrison）為美國總統候選人。

林肯對哈里遜深表讚賞。原因是哈里遜代表了俄亥俄州、伊利諾伊州、印第安納州、密西根州等西北部人民的利益，更主要的是哈里遜曾挺身而出，投票反對過蓄奴州的密蘇里州加入聯邦，結果失去了他在國會中的席位。

1840 年的競選運動進行得十分激烈。以民主黨在職總統馬丁‧范布倫（Martin Van Buren）為一方和輝格黨總統候選人威廉‧亨利‧哈里遜為另一方的兩派展開了猛烈的角逐。1837 年美國的第一次經濟大蕭條，使范布倫的聲望一落千丈。輝格黨人攻擊民主黨執政太長，造成美國經濟恐慌、市面蕭條，要求快快下臺。大選揭曉，威廉‧亨利‧哈里遜以

234 票對馬丁·范布倫的 60 票的絕對優勢輕取白宮寶座，成為美國第九任總統。可惜好景不常，這位六十八歲的哈里遜只當了一個月的總統，就因病去世。時為 1841 年 4 月 4 日。

1843 年，林肯力圖使輝格黨能提名他為國會議員，後來這一努力沒有成功。

1844 年，林肯選定一位比他小九歲的威廉·亨頓 (William Henry Herndon) 當作新開業的律師事務所的合夥人。亨頓是一個激進的廢奴主義者，他嚮往光明，對自由和正義充滿著無比的熱情，深受普通百姓的喜愛。他以潔身自好、上進心強而贏得了林肯的信任。林肯對奴隸制觀點一直十分鮮明，也總覺得激進的廢奴主義者煽動立即解放黑奴的主張弊多利少，無助於奴隸制度的盡快廢除。一次，林肯曾問到亨頓：「是什麼東西促使你認為必須根除奴隸制呢？」亨頓爽然答道：「我是從內心深處覺得必須這樣做的。」

1846 年 5 月 1 日，自由黨人提名林肯為國會議員候選人。

他的競爭對手是民主黨人彼得·卡特萊特牧師，他曾在 1832 年擊敗林肯而當選為伊利諾伊州議員。卡特萊特的手下散布流言，大造輿論，說林肯是基督教的公開嘲笑者，甚至還講過「耶穌是私生子」，指責他對信仰有偏見。

為此，林肯在一份傳單中說：「我不屬於任何基督教教會，這是事實，但我從來不否認《聖經》中的真理，在我的談

話中也從來沒有有意褻瀆宗教的地方，更沒有冒犯過任何基督教教派。」

在這份傳單中，林肯還說：「我只覺得任何人都無權去傷害他可能生活於其中的大眾的感情和倫理。」

站在大眾這一邊，尊重他們，至少不冒犯他們，可以說是林肯一貫奉行的準則，除非不得已。

有一次，林肯專程前去聆聽卡特萊特牧師的布道。只聽牧師叫道：「那些願把心獻給上帝的人，那些想進天堂的人，請站起來。」但見一些人站了起來。牧師又叫道：「所有那些不願下地獄的人，請站起來。」這次只見除了林肯外，全體都起立。於是卡特萊特牧師說話了：「林肯先生對上天堂和下地獄都沒有做出反應，那麼請問，林肯先生你想到哪去呢？」林肯沒料到會被點名。

他站了起來，鄭重地說道：「我認為對待宗教問題必須嚴肅。對於卡特萊特牧師所提的問題，我承認都很重要，但我覺得我並不需要像其他人那樣回答問題。卡特萊特牧師很關切地問我要到哪去，我必須坦率地回答：『我要到國會去。』」到投票日那天，林肯落選了。

兩年後，林肯又去競選終於得到勝利。進入國會時，美國早已和墨西哥交戰二十個月了，這是一場不體面的侵略戰，全是由國會中那些主張蓄奴的人們有計畫地鬧出來的，

　　為的是要國家多取得一些蓄奴的地域，並且多選舉一些贊成蓄奴制度的議員出來。

　　在那一次戰爭中，美國成就了兩件事。德克薩斯州以前是屬於墨西哥的，而後脫離了。

　　美國便強迫墨西哥放棄對德克薩斯的一切權益，並且處心積慮地搶奪了墨西哥原有領土的一半，並劃分為新墨西哥州、亞利桑那州、內華達州及加州。格蘭特說過，那是有史以來最邪惡的戰爭，而自己曾經參戰是永不能寬恕的。

　　林肯在國會挺身發言，他抨擊總統發動了一場搶掠謀殺的戰爭，一場強奪和不義的戰爭，又聲稱天上的上帝居然忘記保護弱小無辜的人民，竟允許這些強悍的殺人者和地獄裡上來的魔鬼盡情地殺戮，使得正直人的土地荒蕪且遭受浩劫。

　　林肯的講話儘管在國會並沒有造成太大的震動，卻在他的家鄉伊利諾伊州激起了巨大震盪。卑鄙、怯懦、無恥、叛徒等惡意稱呼被加在林肯頭上。

　　1849 年，林肯失去公職，從華盛頓又回到家鄉斯普林菲爾德，將全部精力都傾注在律師事務上。他重新在第八審判區巡迴，成為全伊利諾伊州中最悽慘落魄的人。他決心要把政治全盤放棄，專心從事自己所熱愛的律師工作。

　　從這段時間直至去世為止，林肯最顯著的特徵，是那深

刻又無法以筆墨形容的憂傷形象。有時他在街上走著，也會因為他太消沉，而忽略了在路上碰見或向他打招呼的人們。偶爾他會和人握手，卻不知自己在做什麼。

　　熟知林肯的人們都承認，他那無底的憂傷是有兩個原因的：他在政治上的失敗和他不幸的婚姻。

　　母親的早逝，父親的不理解和責難，缺少故鄉的感覺，過去一系列的失敗，這種種遭遇令林肯的情緒披上憂鬱的色彩，正如赫爾頓所言：「他走路的時候，憂鬱彷彿馬上就會從身上抖落下來一樣。」

　　然而令人驚訝的是，即便經受重重磨難，即便憂鬱總是如影相隨，林肯都不曾仇視他人。很容易受到情緒上的感染。如果他在音樂會上聽到了憂傷的歌曲，肯定會迅速地把歌詞記下來。

　　憂鬱使林肯常常迷失、流連在自我的世界裡。林肯曾經在芝加哥的一個家庭裡度過一夜，事後這家的主婦回憶說，林肯先生似乎完全陶醉在美麗的夜色中了。

　　陷於憂鬱和遐想之中的林肯，他飄遊的思想在這個美麗的夜晚彷彿忽而飄上了星座，又忽而降回到陸地，就在飄忽不定之間，他不斷地整理自己的思緒，從清晰到游離，又從游離到清晰。

　　一次，他去紐薩勒姆給一個老友掃墓。在那裡他見到了

許多多年不見的老朋友。當人們注視著林肯等他講話的時候，就在那一刻，他腦子裡一片空白，說不出一句話來，於是他只是打個手勢，而後就一言不發了。

顯然，身陷憂鬱之中的林肯並不是總能控制住自己的神經，他個人非常清楚，只有不斷地調侃才能使他在憂鬱之中保持精神平衡，因此，笑話成為調劑他生活的重要成分，尤其是那一大堆荒誕不經的故事簡直成為調節他身心的一味良藥。

也許令人難以想像，林肯甚至經常隨身攜帶一本幽默大全，就像別人隨身攜帶著威士忌和嗅鹽時而補充一下能量一樣，他也需要幽默時常來排解一下自己憂鬱的情緒。

林肯自己也不喜歡憂鬱，甚至想把這種憂鬱「連根拔起」，為此，他曾長期服用一種藍色的藥丸，不過他在入主白宮後就停止服用了。

後來據美國的一些雜誌報導，退休醫師兼醫療歷史學家希爾施霍恩在進行了大量的研究後說，這些藥丸含有水銀成分，若長期服用足以致一個健康人死於非命。

一家雜誌說：「如果林肯沒有意識到那種小藥丸使他『脾氣暴躁』並停止服用的話，他就不會那麼沉著穩健地指揮軍隊，取得內戰的勝利了。」

後來，科學家們復原出美國十九世紀，也就是林肯那

時候常用來治療憂鬱症的那個藥方，該藥方中包含高達七百五十毫克的水銀，這一數字遠遠超過安全線。即便是人們按照慣例每天服用兩次或者三次，也極可能中毒。林肯擔任總統以前脾氣極為暴躁，與藥丸中含有的水銀不無關係。

實地考察黑奴生活

林肯對奴隸制一貫深惡痛絕。他曾說：「勞動是我們人類的共同負擔，而有些人卻竭力要把他們分內的負擔轉嫁到別人頭上，這是造成人類連續不斷的災禍的根源。」

大量的黑人從事著繁重的勞動，然而令林肯驚訝的是，這些黑人沒有憤怒、沒有怨言，他們只是安安靜靜地接受被奴役的現實。

林肯對這種現象百思不得其解，他想弄清楚是誰在用道義做幌子，從上帝的「福音」裡撈更多的好處。

看到奴隸主們為了維護自己的利益，想出各式各樣的理由來欺世盜名，他疑惑地問自己，難道上帝的使者們，還能拿出什麼正當理由來解釋黑人們的悲慘命運嗎？

南方奴隸主們有一套冠冕堂皇的理論來為這種現實辯護，他們唱著高調說：「對黑人們來說，難道這樣的生活不比流浪好許多嗎？」

　　為了避免直接提到臭名昭著的「奴隸制度」字眼，這些頑固的南方奴隸主們「親切」地稱之為「我們的體制」。

　　在奴隸主們看來，「奴隸們的自由是令人費解的麻煩事」，如果奴隸們獲得了自由，世界就會為之崩潰。

　　在這些白人奴隸主的觀念中，對黑人奴隸的控制、奴役是一件天經地義的事情。

　　他們認為讓白人們在田間辛苦耕種、操作機器、砍柴伐木、追捕野獸，是無法想像、違背常理的。

　　他們甚至認為，奴隸制度是他們從祖輩那裡，經歷了幾個世紀繼承下來的精華所在，也是他們最明智的選擇。

　　林肯對奴隸主們的謬論大為不解。林肯認為，沒有黑人的艱辛勞作，美利堅合眾國怎麼能有今天的繁榮景象？就拿棉花的生產來說，黑人種植、收穫了棉花，而後這些豐收品被當作原材料源源不斷地被輸送到英國的工廠。

　　沒有黑人的勞動，那些道貌岸然的大爺們在英國如何保持「體面」的生活？誰能想像那些滿嘴仁義道德的奴隸主們，願意早出晚歸地在大太陽底下種植麥子？強壯的黑人奴隸在白人奴隸主的役使下艱苦勞作，然而可笑的是，他們的勞動換來的是比白人小姐、太太佩戴的項鍊更為「精緻」的鎖鏈，也許這些黑人的父輩們是無論如何也想像不到此情此景的。

　　相比之下，白人奴隸主們卻心安理得地享受著一切：在

爐火旁品味著威士忌，在教堂享受神聖的洗禮，憧憬著自己死後進入極樂天堂。

帶著這諸多疑問，林肯決定到現實生活中看看黑人的生活。林肯在考察中發現，平原上，低矮破舊的黏土茅舍一間挨著一間，屋內空空如也。門前的小火爐旁，上了年紀的女奴們正在用破舊的鍋煮著玉米糊糊，偶爾還會看到有的鍋裡零星地點綴著幾粒豆子。

林肯深切地體驗到，眼前的狀況和奴隸主們吹噓中的供給奴隸的「美食佳餚」顯然有著天壤之別。

林肯還聽說，也有極少的黑人奴隸在加班地勞作之後，會得到極為有限的幾美元作為獎勵，然後買些自己渴望已久的烈酒。

但是很明顯，這種情況實在罕見，只有指望某一天高貴的奴隸主突然心情極佳，甚至是頭腦一熱，才能有這樣的仁義之舉。

走到田間，林肯細心地觀察這些黑奴的勞作狀況。在夏天熾熱陽光的無情照射下，只見這些大多用鎖鏈拴著的黑奴赤裸著上身，而且他們每天必須做滿十四個小時。

即便是在風雪交加、寒冷刺骨的冬天，他們每天最少也得做十個小時，才能滿足奴隸主們剝削的欲望。每一天，他們都是拖著沉重的步伐忙碌著。

　　即便如此，他們的勞動強度仍然不能滿足奴隸主的胃口，為了得到更多的「剩餘價值」，代表奴隸主們行使權力的監工們可謂「盡職盡責」。

　　在黑奴和馬匹之間站著手持長鞭的監工，不時地大聲吆喝著什麼。一旦哪個黑奴稍有鬆懈，就會招致他們的毒打。

　　長長的皮鞭子在空中飛舞著，繼而落在黑奴的身上，這個奴隸頓時就會大聲地慘叫，痛苦地蜷縮起來。

　　黑奴們艱難地熬過白天的勞作時間，在日暮時分，他們會帶著沉重的鎖鏈，一個接一個地排著隊伍，疲憊不堪地收工了。

　　然而，奴隸主仍然不忘在此時鞏固自己的權威。在回住地前，黑奴們必須先跟著監工到一處空地，接受肉體的再次洗禮。

　　黑奴們站成一個半圓，冷酷的魔鬼監工便陰森森地喊出幾個黑奴的名字，命令他到體罰場上來。被叫出來的黑奴一定是在白天勞作的時候觸犯了奴隸主立下的諸多規矩。

　　鞭打違規黑奴的監工，使鞭子的技術已經爐火純青。監工的職責就是既要把奴隸打得皮開肉綻，疼痛難忍，又不會傷及他們的骨頭，確保他們在明天早晨還可以照常勞作。

　　經過在黑奴身上長期的訓練，這些監工能夠很好地掌握鞭打的「技巧」，他們就像保護藝術品那樣躲避著奴隸們的腦

袋，卻用皮鞭瘋狂地抽打他們裸露的脊梁。

　　經過這場暴風驟雨之後，黑奴們才被允許回到各自的茅屋。他們個個神情沮喪、表情呆滯，如果說還有什麼是他們生活中的期待，似乎也只有那盛在破鍋中的有限的玉米糊糊了。

　　對於黑奴們來說，感情是個奢侈品。即便是彼此情投意合的青年男女黑奴偷偷見面，被奴隸主或他們的爪牙們發現了，也難逃殘酷地懲罰。

　　奴隸們的一切都由奴隸主支配，包括生與死，就更不必說感情了。倘若有不甘忍受折磨的奴隸想要逃離苦海，這會是一件非常冒險的事情。

　　奴隸主們豢養著專門追捕奴隸的爪牙，他們會像圍捕野獸那樣把逃跑的黑奴圍起來，把他逼到無路可退的地方，讓他飽受痛苦之後再把他殺掉。

　　林肯在閱讀過一本哲學論著後，就相關邏輯學寫下了他那著名的推理，並將奴隸問題引入了這種思路：

　　既然甲確證他有權奴役乙，那麼乙就不能抓住同一論據證明他也可以奴役甲嗎？你說因為甲是白人而乙是黑人，那麼也就是根據膚色了。

　　難道膚色淺的人就有權去奴役膚色深的人嗎？那你可要當心。因為按照這個邏輯，你就要成為你所碰到的第一個膚

色比你更白的人的奴隸。

你說你的意思不完全是指膚色嗎？那麼你指的是白人在智力上比黑人優異，所以有權去奴役他人嗎？這你可又要當心。因為按照這個邏輯，你就要成為你所碰到的第一個智力上比你更優異的人的奴隸。

你說這是個利益問題，只要你能謀取你的利益，你就有權去奴役他人。那麼好吧，如果別人也能謀取他的利益，他也就有權奴役你了。

林肯對拍賣奴隸更是屬聲詛咒。林肯曾在紐奧良見到過奴隸主拍賣黑人的情景，以及奴隸主們怎樣拍賣一戶黑人之家。

從這次考察以後，只要有人提起黑人的事，林肯就變得表情十分嚴肅，隨後便向人描述奴隸主們把黑人的丈夫賣給種植場主，把妻子賣給另一個種植場主，孩子們則分別被賣給出價最高的買主。每當此刻，他都覺得拍賣黑奴可惡至極，一個個屬聲詛咒，他的臉色都變得蒼白無血。

第三章　政海試航

第四章 參加競選

這個國家不能長久地容忍一半自由、一半奴隸的狀態。

民主主義就是人民的，透過人民，為人民的政治。

多方面掌握資訊

1850 年，林肯身處斯普林菲爾德，卻十分關注首都一年來所出現的政治動亂和險惡局勢。為此，他大量閱讀了《國會環球報》和其他報刊讀物，感受著時代的弦音。他知道這是一個英雄輩出的時代，每個人都將自己身上可當作武器的東西亮了出來。

1850 年 1 月，克萊在提出了一項「綜合法案」，又稱「大妥協案」，稍經修改即於 1850 年 9 月由美國國會以一系列單個法案的形式通過。

亨利·克萊（Henry Clay）是美國輝格黨創始人之一，曾任國會議員、國務卿，一貫倡導鼓吹南北調和妥協，被林肯譽為「我理想中最完美的政治家」。

「綜合法案」規定：准許加利福尼亞作為自由州加入聯邦；讓新墨西哥和猶他兩地成為準州，即成為美國聯邦政府統治下的具有有限自治權力、但尚未取得州一級資格的屬地，有關奴隸制是否禁止由這兩個準州自行決定；

德克薩斯如放棄對新墨西哥邊界領土的要求，並將它的其他邊界也固定下來，新墨西哥則撥款予以補償；

哥倫比亞特區的奴隸買賣應予取締，但鑑於哥倫比亞特區的土地是由馬里蘭州劃歸聯邦政府的，所以只要馬里蘭州

堅持，特區的奴隸制就應繼續保留。

　　此外，美國國會還通過了新的逃亡奴隸法，即奴隸主有權到北方各州追捕逃亡奴隸，認領奴隸的所有權不由陪審團裁定，而由一名經過授權的聯邦官員判決，如判決有利於黑人，該官員可得五美元報酬，如判決有利於奴隸主，則可收取十美元報酬。凡協助黑人外逃的人都要處以罰款和監禁。

　　亨利‧克萊認為，南北雙方只有透過妥協，互相遷就讓步，聯邦才能得救。但是，後來的事實證明，1850 年美國通過的「大妥協案」並沒有消除兩種社會制度的矛盾。後來 1854 年南北爭在堪薩斯州發展成大規模的武裝衝突，逐漸演變成「流血的堪薩斯」的內部衝突，成為美國內戰的序幕。

　　三月，輝格黨領袖之一，曾任國會眾議員、參議員和國務卿的丹尼爾‧韋伯斯特（Daniel Webster），是北方資產階級妥協派的代表之一，他反對奴隸制擴展，但不主張廢除奴隸制。他在這一天曾發表一篇長達三小時的演說，對「大妥協案」表示了全面支持，認為「大妥協案」是能保住聯邦的唯一協定。林肯當時雖然遠在伊利諾伊州，但他對韋伯斯特先生的演講是頗為讚許，心有靈犀一點通的。

　　「大妥協案」通過時，華盛頓的禮炮轟鳴，群眾舉行大遊行，歡慶該案的通過。因為南方脫離聯邦和隨之可能發生的國內戰爭業已被制止，人們可以高枕無憂、安心睡覺了。

　　到 1852 年，林肯已就任輝格黨的忠誠領袖二十年，他跟利諾伊州所有積極的輝格黨地方頭領幾乎都握過手。一直關注著美國政治風雲的林肯在談到這次新的和平時說過：「國家安然度過了種種險境，它現在是自由、繁榮、強大的。」

　　1854 年初，道路拉斯在國會提出了著名的《堪薩斯 ── 內布拉斯加法案》，使之獲得通過並成為法律。根據該法案，各州政府可決定在其轄區範圍內允許或禁止蓄奴。

　　為什麼道格拉斯要做出這樣的事呢？道格拉斯希望在 1856 年當選總統。他曉得這一番廢除妥協的舉動，在南方對他的幫助很大。

　　然而在北方，道格拉斯早就預言過它會引起一場疾風暴雨般的大混亂。果然，在那邊掀起了一陣大風暴，把兩大政黨吹打得粉碎，最後還將整個國家捲入內戰的漩渦裡。

　　成千上萬的鄉村城鎮掀起了浪潮，新英格蘭和西北地區的牧師也憤怒地抗議，稱道格拉斯為叛徒，因為他出賣了人民、出賣了國家、出賣了自由。一路上有人送他十三塊金幣，以象徵他是猶太人，還有人送他繩子希望他繫上脖子。

　　林肯認為，由於《堪薩斯 ── 內布拉斯加法案》在國會的通過，這必然會使奴隸制蔓延到北方諸州。他指責道格拉斯提出這一法案是為了要籠絡南方各州的選民來推舉他為民主黨的總統候選人。

1854 年 10 月 3 日，在斯普林菲爾德召開全州集會。成千上萬的農夫源源而來。原來幾週以來，有廣告到處宣傳道格拉斯要在集會開幕的當天演講，而國內各地方的政治領袖們都要群集此地聽講。

在全州集會上，道格拉斯講了三個多鐘頭，把自己的紀錄詳加說明，用來辯護自己、攻擊別人。他矢口否認他立法制定某個地域可以蓄奴，或某個地域不可蓄奴等事，並強調應該由當地的人們按他們的意願來決定有關蓄奴的任何問題。

林肯坐在前排附近，仔細地聽著每個字，並斟酌每一個議論。當道格拉斯演講完畢時，林肯便宣布「我明天要剝下他的皮並掛在籬笆上面」。

這天下午，林肯在集會上作了一次有生以來最偉大的演說。演講中的林肯對於罪惡的興起而大生感觸，為著受欺壓的種族請命。他將蓄奴的歷史檢討了一番，並舉出五點理由來反對這種制度。

林肯慷慨激昂地說：

當南方的人民向我們聲明，他們正如我們一樣，對於奴隸制度的建立是不應負責的，我只能承認這個事實。

若說這制度現今的存在，實在是不知該如何圓滿地廢除它，我也能夠明了並贊同這個說法。我絕不會因他們做不了

一件連我本身都不知如何去做的事來非難他們。

　　即使這世上所有的權力都屬於我，我還是不知道該如何處理這種制度呢。

　　激烈而憤怒的社會輿論更加激發起群眾的公憤，在芝加哥，甚至連民主黨的報紙也對道格拉斯嚴加指責。傲慢的道格拉斯垮臺了，他竟然在自己的州內把自己的黨分裂了，又剛好在選舉之前。

　　這正是林肯的大好機會。這不但是林肯在政治上可以復職的機會，也是他可以被選為美國聯邦參議員的機會。林肯沉寂一時後，又開始奮發向上了。

　　接下來就是選舉。因為道格拉斯的民主黨正在不得人心之際，林肯的機會來了。

　　這是一個絕好的機會。如果能選入國會參議院，那就太好了。林肯已四十五歲了，年紀也不小了，每當想起這點他常常會出神。

　　但現在取勝的希望並不大。他不用著急，他也真的並不怎麼在意，他甚至說他不想參與競爭，當然他也不反對提名。當他的名字一提出時，便立即通過了，他現在是參議員候選人了。

　　不久之後，林肯也開始活動了，他要爭取廣泛的支持，尤其是如果能夠贏得那些對立面的支持，那他就穩操勝算

了。他感到他的勝算頗高，因而滿懷信心。

　　1854 年，林肯再次當選為州議員。但此後不久，他為了爭當國會參議員的候選人，便辭去了州議員的公職。當時國會參議員不是直接由選民選出，而是由州議會選舉產生。為了爭取議會中廢奴主義者的支持，林肯做出保證：要盡力使西部各州杜絕奴隸制度。但民主黨人牢牢控制著國會，使輝格黨和廢奴主義者無法聯合起來把林肯選進參議院。

　　這時，以反對奴隸製為宗旨的新的共和黨已應運而生。

　　林肯開始準備演說辭，在州立圖書館用功了好幾個禮拜，參考歷史，收集資料，並加以分類、研讀。他還研讀了當時在參議院為要通過該案而相互爭論所發表的一切激烈的爭辯內容。

　　1855 年 2 月 8 日，伊利諾伊州議會在斯普林菲爾德召開了選舉參議員會議。

　　第一輪投票結果表明，林肯是有希望的，他以四十四票對謝爾茲的五十二票和特倫布爾的五票，只差六票便可獲勝。這個結果，表明了林肯的實力。然而在此之後，形勢急轉直下，林肯一輪不如一輪，到第十輪投票揭曉後，特倫布爾當選了。

為可憐的黑奴請命

　　1855 年 2 月 15 日，林肯又駕起「老白」，再一次走過一望無垠的草原後，從一個鄉間法庭趕向另一個法庭。他要繼續盡自己的可能，為苦難的黑奴做些力所能及的事情。

　　林肯的心再也不注重在法律上了。如今除了政治和奴隸制度外，他不再談別的事了。每逢想起有幾百萬人淪為奴隸，他就一直心痛。於是他的憂鬱症比以前更加頻繁地復發，而且總是時間那麼長，而又那麼厲害。

　　落選的林肯再次沉浸到憂鬱之中，甚至是一種前所未有的憂鬱。他常常在律師事務所坐於黃昏的陰暗中，低著頭，沉思默想，直到黑暗將他重重包圍。

　　然而，當林肯從那破舊的屋子走出來的時候，人們發現他並沒有消沉。他只是時而會顯得滿腹心事，而越是這種時候，他就越是講一些笑話，直到他和周圍的人一道哈哈大笑，一笑解千愁。

　　事實上，當他在他破舊的律師事務所陷入無可言喻的憂鬱中的時候，他已不再僅僅是為了他自己，而是出於對他國家的現狀的思考使然。他的國家動盪不安，奴隸制問題造成了嚴重的混亂，他在思考著一種解決辦法。但當他不知該如何辦的時候，他就會陷入痛苦之中。

　　林肯現在是伊利諾伊中心鐵路公司的代理人，有許多案例得去處理，他很忙，但當他靜下來的時候，奴隸制這個問題就悄悄走來，在他緊鎖的眉頭刻下印記。

　　這年 3 月的準州議會選舉，有的人採取越界投非法票的方式，導致雙方殺氣騰騰，暴力逐漸升級，以至於在瓦卡魯薩河岸雙方對峙著。而在國會，雙方同樣吵得不可開交。蓄奴派 700 名武裝人員衝入勞倫斯，搗毀了自由州派的兩家報館，焚毀一家旅館，並恐嚇市民，甚至搶劫商店，支持廢奴的參議員被打得不省人事。緊接著，廢奴主義者在夜間沿著波特瓦托米河殺死了五個蓄奴派移民。整個夏天，堪薩斯就在血泊中呻吟。

　　各式各樣的消息不斷傳入林肯的耳朵，甚至令他有些來不及反應。美國似乎從來沒有什麼時候像現在這般令人目不暇給，耳不暇聽，口不暇言。

　　有一天，他和另外一個律師在一家鄉間旅館共榻。他的同伴黎明醒來，便看到林肯穿著睡衣坐在床邊沉思著，他悶悶不樂的，不是自言自語，就是心不在焉地發呆。

　　林肯沉默了嗎？不，儘管他低著頭，在這個多事之秋似乎連舞臺邊也沒有靠上，他說的話也絕不可能在舞臺上大聲傳送，甚至即使身為啦啦隊，他的嗓門也嫌太小，然而他思考著，並且偶爾做出點事也相當令人側目。

　　林肯終於開口了，他的第一句話便是：「我告訴你，這個國家不能長久地容忍一半自由、一半奴隸的狀態。」

　　不久，斯普林菲爾德有一位黑人婦女前來請求林肯幫助。她說她的兒子在聖路易斯密西西比河上的一條船上做工。因為隨船去了紐奧良，在那裡他被抓起來並關進了監獄，因為他沒有證明文件證明他的自由之身。被囚禁了一段時間之後，他被登廣告出售，以償付他坐監的費用。

　　林肯聽後，立刻義不容辭地去拜訪伊利諾伊州長，請求幫助。但州長說他愛莫能助。林肯又給路易斯安那州長寫信，州長回信說他無能為力。林肯為此再入州長府，希望州長能採取積極行動，州長搖頭拒絕了。

　　林肯憤怒了，他與亨頓後來募捐了一筆錢解救了那個孩子，使其母子團聚。

　　但林肯離開州長之時卻是義憤填膺，他對馬特森說：「上帝作證，州長，您或許沒有合法的權力釋放這個可憐的黑人，但是我卻決意讓這個國家的土地燃燒，讓那些蓄奴的人無立足之地！」

　　當堪薩斯自由州運動中心勞倫斯鎮遭襲擊的時候，伊利諾伊州共和黨第一次州代會在布盧明頓召開。林肯感到「我們正處在一個困難重重的時刻」，特別是他感到了一種危機，一種似乎很快就會血與火遍布的危機。他覺得民眾當盡

力表白他們的意見，而共和黨人呢？也要隨之改變方針，否則「鮮血將因內布拉斯加法案而流淌，同胞之間將要互相殘殺」。

林肯不再沉默了，他將這麼多日子的沉思默想和憤怒傾瀉而出。整個會場將響徹著他的聲音，而全國也震盪著其回聲。他從此一發而不可收。

發表激動人心的演講

1856 年 6 月，第一屆共和黨全國代表大會在費城召開，大會推舉加利福尼亞自由州的國會參議員約翰·查爾斯·弗里蒙特（John Charles Frémont）為共和黨總統候選人。伊利諾伊州代表團曾提出林肯為副總統候選人。但是，在副總統提名的第一輪投票中，林肯並沒有參加這次代表大會。

當林肯得知自己的名字列入國家最高副職的候選人名單時，他不勝驚訝。他大聲說道：「不，這不可能是我。這一定是馬薩諸塞州的那位大名鼎鼎的老林肯！」

林肯積極為共和黨總統和副總統候選人爭取選票。在演講中，他越來越突出奴隸制爭議，但沒有涉及將來可能出現的暴力問題。

各個黨派之間吵鬧紛擾，他們到底爭論什麼呢？林肯總

是提出這樣的問題讓民眾注意，然後他就回答：那實質上的分歧是在奴隸制擴展問題上。也就是奴隸制能不能在法律上是自由州或自由準州的土地上生存。他明確表白，共和黨不允許奴隸制擴張，而詹姆士‧布坎南（James Buchanan）的民主黨則允許。

民主黨人則充分利用選民的害怕分裂的心理而大造如共和黨當選則會造成一些州脫離聯邦的結果等這樣一些輿論。這使他們撈到了不少好處，而林肯則花了不少心血來予以痛斥。

7月23日，林肯在加納利演講。面對民主黨指責分裂，林肯說：「如果你們是說我們的目的是要解散聯邦，這是不真實的。」然後林肯略一轉折，更進一層，「不過你們也許會說，儘管這不是我們的目的，但如果我們成功了，結果就會如此，所以我們實際上就是分裂主義者」。林肯強調，「這是你們對我們的一種嚴重指責」，他反問道，「我們將如何做到這一點？」也就是，「我們究竟要用什麼方法來解散聯邦呢？」他請民主黨具體說明。

林肯並沒有就此止步，他說，「唯一的具體說明，是菲爾莫爾先生在他的奧爾巴尼演說中自願提出的。他指責說，如果總統和副總統都是從自由州選舉出來的，就會使聯邦解體。」林肯認為「這是胡說八道」，他從歷史上找出了許多具

體例證，有同時來自蓄奴州的總統副總統，也有同時來自自由州的總統和副總統。而在位總統和副總統便都來自自由州，「而聯邦依然存在，而且還會存在下去。」

聯邦在林肯心目中具有至高無上的地位，他不能忍見其分裂。現在他的反駁如海潮怒湧，層層推進。「此外沒有任何具體說明了，最多只有這樣一個：恢復 1820 年關於使合眾國領地成為自由領地的規定會使聯邦解體。先生們，這樣一個法案是需要大多數票通過的。」

林肯說到這裡突然心潮澎湃，他大聲道：

我們是多數，能夠在憲法規定下做我們要做的一切，我們絕不想使聯邦解體。那麼，誰是分裂主義者？是你們還是我們？我們是多數，絕不會千方百計去解散聯邦，如果有人想這樣做的話，那一定是你們這些大叫大嚷地誣衊我們是分裂主義者的人。但聯邦是無論如何不會解散的。我們不願它解散，如果你們企圖解散它，我們也不答應。我們有財力和武力，陸海軍和國庫也在我們手裡，聽我們指揮，你們是達不到目的的。如果一個擁有紀律嚴明的陸海軍和充足的國庫的多數派政府，受到沒有武裝、沒有紀律、沒有組織的少數派攻擊居然不能自保，這個政府未免太軟弱了。我們不願解散聯邦，你們也休想！

林肯心中的多數卻沒有獲得競選，民主黨的布坎南當選

了，他贏得了關鍵的伊利諾伊等四個北部州和加利福尼亞，從而當選。對於一個新政黨來說，這是一項了不起的成就。

林肯念念不忘他的多數，他感到了團結的重要。12 月 10 日共和黨在芝加哥舉行宴會，林肯即席演說：

在這次競選中，我們分裂成弗里芒特派和菲爾莫爾派。為了將來，難道我們不應該團結起來嗎？過去的事就讓他過去吧，讓過去的分歧化為烏有吧。人心向著我們，上帝向著我們。我們將能夠不再說什麼「一切州作為州是平等的」，也不再說什麼「一切公民是平等的」，而是要恢復那更廣泛、更美好、內容比這兩者更為豐富的說法：「人皆生而平等」。

「人皆生而平等」，這個獨立宣言所宣布的主題，林肯心目中的一個崇高目標，他激動他說著它。他的聽眾也都如醉如痴，恭聽他的「輸掉的演說」，他們後來是那麼感動，紛紛從座位上站起來，臉色蒼白，嘴唇發抖，情不自禁地向他蜂擁而去，林肯聽到掌聲暴風雨般響起。

捍衛心中崇高的目標

1857 年 3 月，布坎南總統宣誓就職。布坎南的就職演說提到慘痛的堪薩斯爭端，他要求全國人民把這個問題看成是司法問題而交由最高法院去裁決。他說：「凡是最高法院的決

定，無論是什麼樣的決定，我和所有善良的公民們一樣都願意愉快地遵從。」

3月6日，在聯邦最高法院審判室裡，全場鴉雀無聲，人們正全神貫注地傾聽聯邦最高法院首席法官羅傑・布魯克・坦尼代表該院宣布對德雷特・司各脫案件的一次判決。

聯邦最高法院首席法官坦尼在宣讀判決書時，引用了《獨立宣言》中「人皆生而平等」的話，但他卻說什麼：「上述籠統的字句似乎概括了整個人類。但顯然不容置疑的是，這句話的原意不包括被當作奴隸役使的非洲人種在內。」

這個判決書實際上就是使奴隸制在全國合法化，從而遭到美國人民的激烈反對。

在此後若干年裡，林肯針對坦尼對《獨立宣言》所做的扭曲，反覆闡述該宣言的真實含義。他說道：「如果那些起草並通過憲法的先祖們相信奴隸制是件好事的話，那他們為什麼在憲法中還要寫上『在 1807 年禁止奴隸交易』這一條款呢？」

按照 1787 年的美國憲法規定：在 1808 年以前，即憲法通過時起的 20 年內，國會不得禁止奴隸入境。1807 年 3 月 2 日國會通過法律禁止從非洲或其他國家向美國輸入奴隸，並規定該項法律從 1808 年 1 月 1 日起生效。但林肯在這裡也僅是據理駁斥坦尼罷了，因為實際上這一法律常常遭到破壞，

私販奴隸的事件層出不窮。

六月，道格拉斯也為最高法院的判決書進行了辯護。他煞有介事地斷言，《獨立宣言》的簽署者「在宣稱人皆生而平等時，指的只是白種人，沒有指非洲人。

他們說的是美國大陸上的英國移民，同樣出生在英國並住在英國本土的英國居民是平等的」。

針對道格拉斯的謬論，林肯也予以嚴厲駁斥，他指出當初組成聯邦的十三個州中有五個州的自由黑人曾經是選民。

林肯還就道格拉斯津津樂道的什麼「人皆生而平等」是僅指「美洲大陸上的英國移民」尖銳地嘲笑說，要是這樣，那就不僅黑人，而且還有「法國人、德國人和世界上其他白種人都將被劃歸所謂的劣等人之列了」。

林肯並對道格拉斯所說的「一想到白種人和黑種人的血液攪在一起，我就會不寒而慄」的話，用詳盡的數字進行抨擊。

他說：「1850 年美國有 405,523 個混血兒，幾乎全都是黑人奴隸和白人主子生的孩子，只有極少數是白人和自由黑人的後代。1850 年自由州有 56,649 個混血兒，但他們大都不是出生在那裡，而是來自蓄奴州，生在蓄奴州。同一年，蓄奴州有 348,874 個混血兒，都是當地土生土長的。」

早在 1855 年 11 月 5 日至 1856 年 12 月 1 日，堪薩斯州

發生了暴力流血事件，大約有兩百人慘遭殺害，受槍傷和刀傷的人就更多了。慘案發生的經過是這樣的：

另外從 1854 年至 1855 年，北方的許多自由州先後成立了支援堪薩斯移民協會。這個協會於 1856 年 7 月召開代表大會正式成立支援堪薩斯全國委員會。

協會創建的宗旨是協助自由農夫移居堪薩斯，同時為他們提供糧食和武器，以抵抗南方種植場主用武力向堪薩斯擴展奴隸制。

當華盛頓國會討論利康普頓憲法時，吵吵嚷嚷、拖拖拉拉地進行了好幾個月。這時，布坎南派了好幾個州長去該地維持秩序，結果是徒勞無功。

到 1857 年 12 月，騷亂和暴行總算平息了下去，但利康普頓憲法卻導致了華盛頓民主黨的大分裂。原因是當時交付表決的不是整個憲法，而是要求該州大眾對採取「有奴隸制」的憲法或「無奴隸制」的憲法表態。

自由土地派拒絕參加投票，布坎南總統卻仍然支持這樣的公決，認為《堪薩斯 —— 內布拉斯加法案》只負有處理奴隸制問題的任務，而沒有處理整個憲法問題的任務。

布坎南總統的態度激起道格拉斯的反對。道格拉斯既不同意總統的武斷說法，又反對在 1857 年 12 月在堪薩斯通過的保存奴隸制度的憲法。

意見分歧終於演變成為實際上的決裂。三個月之後，布坎南總統把道格拉斯安插進來的官員一一攆走。

道格拉斯毫不屈服，他聯合國會中擁護他的民主黨人和一些共和黨人進行掣肘，使布坎南在堪薩斯推行奴隸制的一些努力歸於失敗。

由於美國人民堅持反奴隸制的活動日益高漲，以及民主黨內部的分裂，終於導致了 1861 年堪薩斯作為自由州加入聯邦。

道格拉斯也從主張向奴隸主妥協，最終發展到後來在 1861 年 6 月去世前支持林肯政府，主張鎮壓南方叛亂。

堅持真理與人辯論

1858 年，道格拉斯與林肯進行了七次大辯論。辯論促使林肯的陣營越來越大，特倫布爾也站出來替林肯說話。

1858 年 6 月 16 日，伊利諾伊州共和黨代表大會在斯普林菲爾德舉行。

許多共和黨人都說：「我們了解道格拉斯，我們和他鬥了好多年。現在我們打算在這次競選中打敗他。」

大會一致通過一項決議：「林肯是伊利諾伊州共和黨人為國會參議院選出的第一位也是唯一的一位參議員競選人，他

將接替史蒂夫・阿諾・道格拉斯（Stephen Arnold Douglas）的參議員席位。」

當天晚上，林肯來到州眾議院大廳，發表了他一生中最為出色的演講之一。

他說道：「假如我們能首先了解我們的處境和趨勢，那麼我們就能更好地判斷我們該做什麼，以及應該怎樣去做。自從開始執行一項目標明確和諾言具體的政策以來，迄今已是第五個年頭了。」

「這項政策旨在結束因奴隸制問題而引起的動盪不安，但在貫徹這項政策的過程中，動盪不僅沒有停止，反而越演越烈。在我看來，不到危機迫近和過去之後，動盪是不會終止的。『一個分崩離析的家庭維繫不了多久。』我相信這個政府不會永遠保持這種半奴隸、半自由的狀態。」

「我不希望聯邦解體，我也不希望這個家庭崩潰。我只希望這種分崩離析的局面不再延續下去。要麼全面實施奴隸制，要麼全面自由化，非此即彼。或者讓那些反對奴隸制的人制止這種制度繼續蔓延下去，並使民眾堅信奴隸制終將消亡下去；或者讓那些鼓吹奴隸制的人全面得勢，使奴隸制在全聯邦確立合法地位，不管新州舊州，也不分地域南北。」

以這篇演說稿為契機，著名的林肯與道格拉斯大辯論拉開了帷幕。儘管道格拉斯明知不可小覷這位深受眾望的政治

新秀，但為了競選國會參議員的需求，也只好硬著頭皮，接受挑戰了。

在華盛頓，道格拉斯曾對一批共和黨人說道：「你們推選出了一個非常能幹而又厚道的人。」

他還對國會祕書、《費城報》編輯約翰・福尼說道：「林肯是他那個黨內的強硬人士，也是西部最佳的政治演說家，這次競選將會夠我忙的了。」

此後，林肯即向道格拉斯提出挑戰，要求雙方開展辯論。道格拉斯只得接受這一公開的挑戰，同意展開論戰。

於是，他們便在全州七個不同地區的城市講臺上對壘，就各式各樣的問題進行較量。全州民眾都密切注視著這幾場政治大辯論，全國人民也都豎起雙耳耐心地傾聽著。

在 8 月 21 日，奧塔瓦揭開了林肯與道格拉斯大辯論的序幕。那天豔陽高照，四方農夫聞訊趕來洗耳恭聽他們亟欲知道的辯論者對司各脫判決、堪薩斯問題、奴隸制等的看法。道路上車馬喧騰，塵土飛揚。

一輛專車來了，林肯從家中走出來，在熱情的歡呼聲中，他被送進這輛裝飾豪華的馬車內，前面樂隊高奏樂曲，後面跟著高喊著的人群，他被送進市長的官邸。

道格拉斯的信徒幾百人騎馬到奧塔瓦城四英里外，在那裡迎接他們的明星，他正坐著一輛用六匹馬拉的車子，不慌

不忙地前來。不一會擁護者聚攏在他周圍，他們高舉著標語，揮舞著旗幟，一起馳向奧塔瓦，他們一行人進城時，槍炮齊鳴。

林肯的支持者，為表示他們對這種鋪張和誇飾的輕視，就用一個老舊的飼草架子讓一對白騾拖著，請他們的候選人坐上去駛過街道。並在他後面擺上另一個飼草架子，上面坐滿了 32 個女孩，她們每人手裡捧著一塊牌子，牌子上寫著州名，而 32 塊牌子代表著合眾國目前的 32 個州。

演說者、委員們及記者們在密密的人叢中擠來擠去，約半個小時後才到達講臺。

道格拉斯有一種吸引群眾的個人魅力，但林肯的臉孔上卻充滿著憂鬱，他的外表完全沒有動人的地方。

道格拉斯的穿著恰似一個富有的南方地主，穿的是帶皺邊的襯衫、深藍色的上衣和白褲子，又戴著白色的寬邊帽；

而林肯的儀表則是醜陋怪異的，他那粗陋的黑上衣的袖子太短，且他那不成形的褲子又太短，他那高帽子也是破舊的。

道格拉斯絲毫沒有幽默感，但林肯卻是個擅長講故事的人。道格拉斯總是在重複背誦，而林肯卻能不斷地仔細思考他的題材，他每天講說一篇新講詞，比背一篇舊講詞來得容易。

　　道格拉斯愛好虛榮，喜歡誇耀並虛張聲勢，坐著一部裝滿旗幟的專車周遊四方。當他走近市鎮時，他事先安排歡迎的炮聲不時鳴響，彷彿是向當地人宣稱有一位名人要來似的。

　　在這些辯論會中，道格拉斯主張，任何一州，不論在何處、在何時，只要大多數的公民投票贊成，就有權利蓄奴。

　　他根本不管到底他們是投同意票或反對票。他著名的口號就是：「讓每一個州各管各的事而不要干涉它的鄰居。」

　　林肯則完全站在相反的立場，他說：「道格拉斯法官認為蓄奴是合理的，而我認為是錯誤的。這是一個很明確的事實，整個爭辯都基於這一點上。」

　　林肯解釋說，「道格拉斯主張任何人或任何團體只要需要奴隸就有權力占有奴隸。如果奴隸制度沒有錯，那他這樣說是完全合乎邏輯的。但是，如果承認奴隸制度是錯的，然後再說任何人都有權做錯誤的事，那就不合邏輯了。」

　　「他根本毫不關心一個州究竟要蓄奴或自由，正如他毫不介意他的鄰居究竟應該在他的農莊上種植菸草或飼養有角的牲口一樣。但是大多數的人和道格拉斯並不相同：他們認為蓄奴制度是道德上的一個大錯誤。」

　　道格拉斯周遊全州，頻頻叫喊著說，林肯贊成給予黑奴以社會平等。

「不，」林肯反駁道，「我認為我沒有合法權利去這樣做，而且我也不想這樣做。」他說他並不主張黑人在政治上和社會上和白人完全平等，「我和道格拉斯法官一樣贊成我所隸屬的人種占有優等地位」。

林肯然後強調，「儘管這樣，也絕對沒有理由去說黑人沒有資格享有《獨立宣言》中列舉的各種天賦權利」。

他再次瞄準道格拉斯的鼻子，認為黑人和白人一樣有資格享受生命、自由和追求幸福的權利。「我同意道格拉斯法官的話，黑人在許多方面和我不一樣，」林肯說，「但在吃用自己雙手賺來的麵包而不用任何人批准的權利方面，他和我，和道格拉斯，以及每一個活著的人都是一樣的。」

林肯參加總統競選

1858 年 11 月 2 日是選舉日，雖然林肯曾經說過，到底是道格拉斯還是他自己當選為參議員，這件事已無關緊要了，只要《密蘇里妥協案》（Missouri Compromise）不被廢除，只要奴隸制在美國只處於實際需要的限制內，人們對其「容忍」的態度依舊且不致蔓延，那麼，林肯甚至希望道格拉斯常勝不敗，自己則常敗不勝。但是，這種可能性幾乎沒有，只能說是表達一種希望。

在選舉的日子裡，林肯還是有所盼望，但他還是沒有如願以償。林肯雖是失望地走出電報局，但現在他卻並不為這次失敗而沮喪，因為他已一貧如洗，必須借點錢解決全家的肚子問題。長時間以來，他一直在開銷卻沒有進帳，現在他已不能維持家用，他不得不舉債度日了。

於是，林肯再次回到他的律師事務所。律師事務所的牆上依然留著墨漬，書架頂上仍有發了芽的種子。於是，他又重新套上「老白」，拖起破舊的馬車，在草原開始巡迴旅行。

林肯是冷靜的，無論是在公開的論辯場合，還是在私人場合，抑或只是與人通訊，他都顯得極為慎重，他謹慎地避免失去太多的民眾，同時又不能失去原則。

1859 年，非洲奴隸買賣活動死灰復燃，並頗具規模。林肯要對此做出反應。

林肯以前一直在中西部活動，除了在國會的短短兩年外，基本上沒有在東部作過演說，而當時紐約有那麼多的飽學之士以及富豪。因此，林肯在州圖書館待了一段時間蒐集資料。

不久，俄亥俄州共和黨準備出版林肯與道格拉斯辯論集，並以之為林肯競選鼓吹。林肯獲提名的呼聲越來越高，他自己也有些動心。12 月 20 日，他給了俄亥俄州共和黨一份所索要的傳記，簡要介紹了自己自學奮鬥的經歷。共和黨

伊利諾伊州委會打算提名林肯競選，他們徵求林肯的意見，林肯猶豫再三後答應了。然後，林肯繼續為他的「東部計畫」做準備。

1860 年 2 月 27 日，著名律師大衛・達德利・菲爾德（David Dudley Field）陪同林肯走上紐約市庫珀學會的講臺。

林肯身穿一件過長的滿是褶子的黑呢子服，邁著從容的步伐，走到一大片觀眾面前。這時整個會場響起了一陣熱烈的掌聲。全場聽眾 1,500 人，大都花了 25 美分買門票。

林肯站在講臺上開始講演，說得緩慢，毫不吸引人，有些共和黨人甚至都捏著一把汗。但隨著講演人逐漸深入主題，情況發生了變化。

聽眾覺得林肯對當前奴隸制的爭端有獨到的見解，對激起公憤的原因也剖析得細緻入微，深入淺出，娓娓道來，引人入勝。

林肯駁斥了把共和黨說成是「地方性」小政黨的汙衊不實之詞，他說那只是南方竭力要使奴隸制不斷擴展的產物。他明確宣布，共和黨人既不是激進的，也不是革命的，而是繼承了那些制定憲法的「先輩們」優秀傳統的人。同時他強調，這不是說共和黨人非得盲目遵照先輩的所作所為，不敢越雷池一步。那樣就會排斥現代經驗的成果，就會故步自封，拒絕一切進步和改良了。

有些人揚言說他們不能容忍選舉一名共和黨人做總統，好像共和黨人當了總統，就會毀滅聯邦似的。對此，林肯義正辭嚴地指出：

到那時你們會把毀滅聯邦的彌天罪行硬栽到我們的頭上！這實在是無恥之極。好比攔路打劫的強盜用手槍對準我的腦門，惡狠狠地說道：「站住，留下買路錢！不然我就宰了你，你還逃不脫殺人的罪名！」

這時，聽眾屏住呼吸，全場寂然無聲，人們為林肯的高超講演技巧深深吸引住，一時之間場內極其安靜，沒有人交頭接耳，生怕會漏聽林肯的講話。大家在他面前圍成一堵密實的厚牆，黑壓壓的一大片。

接著，演講人繼續闡述那造成南北隔閡分裂的癥結所在，分析它的歷史淵源。他說道：

他們認為奴隸制是正確的，我們卻認為它是錯誤的。這就是一切爭論的根本癥結。既然他們認為奴隸制正確無誤，也就不能責怪他們提出承認奴隸制的要求了。而既然我們認為它完全錯誤，我們就不能對他們讓步，我們就不能放棄自己的觀點去投票贊成他們。

林肯進一步指出，想在正確與錯誤之間尋求折中，無異於找個不死不活的人那樣徒勞無益。林肯最後號召：

讓我們堅信正義就是力量，讓我們懷著這個信念勇挑重

擔，堅持正義，百折不撓。

會場頓時一片沸騰，人們盡情歡呼，手舞足蹈，手帕和帽子在空中飛舞，叫聲和掌聲震撼如雷。聽眾紛紛擁上前去，爭相與林肯握手。

有的記者立即寫出報導，驚呼「林肯在紐約的首次公開演說就造成了如此的轟動效應，這在過去是從來沒有過的」。

林肯已經名聲大噪了，要求林肯出任總統的呼聲，在美國輿論界、企業界和知識界中也此起彼伏，不絕於耳。有的報刊問道：「為什麼不選林肯做美國總統？」有的地方乾脆要求「身為共和黨在西部的頭號人物的林肯站出來講話」。

林肯對這些熱情呼籲都喜在心頭，笑著答道：「時勢造總統啊！」常常表現為少說多聽的林肯，在風暴的中心依稀看到，美國的歷史正在形成之中。

掛在林肯嘴上的政治語言是「民主」二字，他對民主有獨到的見解。他說道：「因為我不願當奴隸，所以我也不願做奴隸主。這表達了我的民主思想，而與此不同的想法都是非民主的。」

林肯有一句名言，那就是：

你能矇蔽某些人於整個時期，也能矇蔽一切人於某一時期，但你卻不能矇蔽一切人於整個時期」這句話和古諺「能欺一人一時，絕不能欺天下後世」有異曲同工之妙。

隨著漸漸成為共和黨舉足輕重的要人，隨著身為一名演說家和思想家的林肯聲名遠播，他為人處世已變得穩中求妥，思想先進但不激進。在 1859 年去伊利諾伊、印第安納、俄亥俄、威斯康辛、愛荷華、堪薩斯等地旅行演說途中，他廣泛了解了各種政治潛流和大眾情緒，會晤了一些將參加次年共和黨全國代表大會的代表。這一切都絕非偶然的一時興致，而是有其蓄勢待發的長遠政治追求的。

在 1859 年的全年演說中，林肯絕口不提他第二年可能當總統候選人的事。每當一些好心的朋友談起要推薦他當總統這一話題時，他總是力圖迴避，說他不合適。但在緊要關頭，林肯卻又當仁不讓，肩負起道義的重任。

1859 年 9 月，林肯在俄亥俄州哥倫布市發表講話，指出威脅聯邦的唯一因素是奴隸制的不斷擴展。在哥倫布市講話的第二天，林肯又在辛辛那提宣稱：

我們必須防止奴隸制的擴展，我們必須防止非洲奴隸貿易的死灰復燃，同時阻止國會頒布准許州奴隸法。

美國第八次人口普查表明，1860 年全美奴隸人數劇增。奴隸人數的不斷增加和貧困白人的每況愈下，是造成 1859 年 10 月 17 日約翰·布朗（John Brown）起義的直接原因。

對約翰·布朗的武裝起義和被判絞刑，各方反應不一。菲利普斯沉痛地說道：「這一時刻給我們的教訓就是要造反。」

其他廢奴主義者也紛紛讚揚這個「為窮人戰鬥」的義士。

就連共和黨國會參議員威廉・亨利・西華德（William Henry Seward）這時也宣稱，他反對布朗式的陰謀和暴力，他贊成理智、選舉和基督精神。但是，儘管西華德有這種表態，他卻不能在人們的印象中抹去激進的痕跡。政治觀察評論說，西華德身為總統候選人的威信受到了致命的打擊。

在堪薩斯州埃爾伍德也談到了約翰・布朗被處以絞刑的問題，埃爾伍德的《自由新聞》作了這方面的報導。

林肯說道：「他相信布朗的襲擊是錯誤的，理由有二：首先，它是違法的；其次，和這類的一切襲擊一樣，它必然無助於消滅任何重大罪惡，甚至懷斯州長也指出約翰・布朗表現出了莫大的勇氣和罕見的無私。但無論南北雙方都沒有人會讚許暴力或犯罪行為。」

美國人民逐漸熟悉了這位樸實、高大的平民政治家，對他的印象是：在簡陋的小木屋中出生的鄉巴佬，當過平底船的船工，劈過柵欄木條，做過商店夥計，最後才當上農村的郵差和不知名的律師助手。

林肯經歷了艱辛的童年和漂泊動盪的青年，經過不懈地努力和頑強地奮鬥後已經嶄露頭角，他的言語和思想在全美幾乎家喻戶曉，甚至一鳴驚人，成為十九世紀中葉美國的傳奇人物。人們似乎恍然明白：「啊，真是的，想想看，為什麼

不選林肯呀？這個人越看越中意！」

在這種情況下，傑西‧費爾和大衛‧戴維斯法官按照既定計畫，為即將到來的共和黨全國代表大會提出林肯身為1860年總統候選人而積極工作著。

民主黨全國代表大會的結果是黨內分裂，南北兩方各選出了自己的總統與副總統候選人。

在年輕強大的共和黨內，覬覦總統寶座的佼佼者當推威廉‧亨利‧西華德。西華德在就任紐約州州長期間，曾制定了一項法律：審判逃奴採用陪審團制，並由州政府支付奴隸被告辯護人的一切費用。

除競選勁敵西華德外，共和黨內的總統候選人中還有俄亥俄州的薩蒙‧波特蘭‧蔡斯（Salmon Portland Chase）和密蘇里州的愛德華‧貝茨（Edward Bates）法官。

蔡斯是一位反奴隸制的激進派，曾兩次擔任州長，又當過一屆國會參議員。

貝茨則屬於溫和派的老牌輝格黨人，有利於緩和南北分歧，防止南北分離。

蔡斯是在共和黨內爭奪總統候選人的潛在對手。他一方面沒有提名競選總統的表示，一方面又在各地演講，演說使其聲譽鵲起，當選總統的呼聲竟遠遠超過西華德。

身為一個出身於底層的政治家，林肯最反對「靠金錢進

入競選場」。一次，堪薩斯的林肯競選事務負責人馬克‧德拉海向林肯索要競選經費，遭到了林肯的拒絕。他說：「請聽我說一句，我不能靠金錢進入競選場，因為這從根本上說來是錯誤的，這是第一；第二，我沒有錢，也弄不到錢。我認為，靠金錢做事總是不帶幹勁的，當然了，在政治競選中為某些目的花一點錢本屬正當，也是在所難免的。」

當選第十六任總統

1860 年是美國四年一度的總統大選年。在南北分裂在即、國事紛爭不已中，各政黨又在緊鑼密鼓地進行著競選活動。它們首先推出各自黨內的總統與副總統候選人，然後黨際之間進行角逐，爭奪入主白宮的權位。在某種程度上，這種競選角逐乃是一場殊死的搏鬥，夾帶有濃烈的戲劇性。

5 月 9 日至 10 日兩天，共和黨伊利諾伊州代表大會在該州的迪凱特召開。林肯的舅舅約翰‧漢克斯扛著兩根扎有旗子和飄帶的柵欄木條走進會場。旗子上寫道：

林肯，劈柵欄木條的 1860 年總統候選人：這是 1830 年漢克斯和林肯合劈的 3,000 根柵欄木條中的兩根。林肯的父親是梅肯縣的第一位拓荒者。

大家先是輕聲讀著，隨後激動起來，他們發瘋一般為林

肯高呼。人們叫喊著：「林肯，林肯，說話呀！」林肯從容起立，向大家表示感謝。

這時，歡呼聲四起：「為誠實的亞伯拉罕，為我們的下屆總統歡呼！」「看看你做的工作吧！」林肯走上前細細觀察，然後說道：「這可能是我劈的木柵欄條。可是朋友們，我要說的是，我還劈過許多更好看的木條呢！」

從此，林肯就有了兩個外號：「劈柵欄木條者」和「劈柵欄木條的候選人」。

5月16日這一天，火車載著4萬名乘客和500多名代表，來到這座千里草原的貨物集散地和交通樞紐站迪凱特參加預定的大會。

為營造競選氣氛，林肯的朋友們確實費了不少力氣。林肯競選總部就設在特雷芒特大廈的三樓。這家芝加哥最高級旅館的整個三層樓，是由林肯的好友大衛·戴維斯以三百美元包下的。林肯總部設有競選團隊辦公室。這個團隊裡有宣傳鼓動員、遊說人、辯護人、謀士和啦啦隊等。

在林肯總部的接待室裡，還為每個代表和重要來賓準備好了雪茄、葡萄酒、白蘭地和威士忌等。這筆錢是由林肯的另兩位好友哈奇和拉蒙自掏腰包的。

這兩人還把代表們請來總部進行私下密談，有時則對大批代表講話，敦促他們投林肯一票。

從外地湧向芝加哥的四萬名客人中，有一大半人在一刻不停地為林肯高聲喊叫，「擁護林肯，擁護劈柵欄木條的候選人」的吶喊聲此起彼伏，終日不停。

5 月 17 日下午，在一片歡呼聲中，大會通過了共和黨的政治綱領。緊接著，支持西華德的代表就想一鼓作氣，要求就候選人立即投票，因為他們堅信自己的候選人能在當天下午得到提名。

但由於當時的票數記錄紙還沒有準備好，大會主席喬治·阿什蒙提出休會的建議，並得到大多數代表的口頭表決贊成。於是，大會得以暫時休會。

幕後交易是免不了的，林肯的支持者掌握這一決戰時機，進行了通宵達旦的緊張活動，最後達成了一些重要的意見。

其中之一是林肯的朋友曾給賓夕法尼亞州、印第安納州和俄亥俄州的代表團領袖們承諾：如果林肯當選，他們將可以進入內閣。

事實上，當時林肯已回到斯普林菲爾德，行前他曾對他的競選經理人交代過：「我沒有授權你去搞政治交易，我將來也不承認這種交易。」但是，封官許願的事還是發表了。

後來，從當選到就職這段期間，林肯只能兌現朋友的承諾，在任命的內閣成員中，就有賓夕法尼亞州、印第安納州

和俄亥俄州的領導人，實現了他的競選經理人當初所許下的政治諾言。

儘管許多人提醒林肯，說這些人身為政治家還不夠格，還不足以輔佐他去解決政府所面臨的問題，但守信的林肯還是那樣做了。

在大會的最後一天，西華德和林肯雙方助選人的競爭達到了白熱化的程度。

原來，早在代表大會處理例行公事的頭兩天裡，西華德的支持者們因得到芝加哥競選經理人的許可而得以自由出入會場。

林肯的支持者們看在眼裡，記在心上，便出現了偽造入場券的事，招募了一千名大嗓門的男女，讓他們全都擠進了會場，把所有的座位和能立足的地方全都占滿為止。這樣，從紐約州來的幾百名為西華德助威的人都無法擠進去，只能被迫在會場外徘徊，急得直跺腳。

第一輪投票開始了。結果西華德獲票占多數，林肯與之相差四十多票，處於劣勢。

第二輪投票重心逐漸轉向林肯，他與西華德的票數接近，這是傑西‧費爾和大衛‧戴維斯等人活動的結果。

第三輪結果顯示，林肯以高出西華德一百五十多票的數量獲得決勝。

　　三輪投票結束了，這時，會場突然沉寂下來。在這沉寂中，俄亥俄州代表團的主席卡特站了出來，美國未來的歷史一瞬間在這裡決定了，他們的四票改投林肯。林肯成為總統候選人。他的競選夥伴是緬因州的國會參議員，前民主黨人漢尼巴爾・哈姆林（Hannibal Hamlin），他與林肯同年。

　　大會主席阿什曼作告別辭，面對興奮的人們，他說，「你們有了一個和事業相稱的候選人。你們非保證他獲得成功不可，人類非保證他獲得成功不可，自由事業非保證他獲得成功不可，天意注定他非成功不可。」

　　林肯終於當選為美國第十六任總統。

　　結果剛一公布，大廳內就有一萬人因興奮而呈半瘋狂狀態，有的跳上座位狂喊大叫，有的還互相將帽子亂打在別人的頭上。

　　屋頂上鳴起大砲來，街上的三萬人一齊歡呼。《芝加哥論壇報》宣稱：「自從耶利哥城牆倒塌以來，這世上還不曾聽到過這樣的喧囂。」

第四章　參加競選

第五章　對抗危機

如果你沒有選擇的話，那麼就勇敢地迎上去。

我們關心的，不是你是否失敗了，而是你對失敗能否無怨。

新總統面臨危機

　　林肯當選總統時，美國正處於一個不平凡的時期，不管誰當選總統，都必然要面對那個危險且即將引爆的奴隸制度問題。這是一個沉重的擔子，需要不屈的意志才能承擔。

　　林肯是美國建國以來最富地方色彩的一位總統，各蓄奴州的總統選舉人沒有一個人投林肯的票，其中有十個州林肯連一張票也沒有得到，可見南方的對抗情緒極為明顯。

　　總統選舉實在令林肯感到疲倦，大選之後，他疲倦地躺在沙發上有些心神恍惚。一抬頭，他忽然發現對面的櫃上有面鏡子，鏡子照出自己的臉，他看見自己有兩個影像，其中一張臉色極為蒼白。

　　林肯大為恐慌，急忙告訴瑪麗，但瑪麗認為那是表示將連選連任的好兆頭。林肯沒有告訴其他人，只是對亨頓說：「比爾，我擔心我不會有好結果。」

　　當選之後，斯普林菲爾德曾舉辦活動慶祝林肯當選，林肯不打算演講，但還是即興說了兩句，他要人們時時刻刻記住「全體美國公民都是同一個國家的兄弟，應該在手足情深的親情中共同生活」。

　　南卡羅萊納州預感林肯會當選，州議會甚至一直開會商量對策。當林肯當選的消息傳來時，州議會立即再次開會並

通過一項決議，宣告脫離聯邦。

隨後，密西西比州在 1861 年 1 月 9 日、佛羅里達州 1 月 10 日、阿拉巴馬州 1 月 11 日、喬治亞州 1 月 19 日、路易斯安那州 1 月 26 日、德克薩斯州 2 月 1 日脫離。

南卡羅萊納州脫離後，林肯給史蒂文斯寫信。史蒂文斯是喬治亞人，他是一個矮小瘦弱、臉色蒼白患結核病的人，他曾經做過一次精彩演說，使林肯「那雙枯乾的老眼」充滿淚水，現在他是一個有條件的聯邦主義者，反對脫離聯邦。

林肯告訴史蒂文斯：「我充分意識到國家目前所處的危機以及我擔負的責任的重量。」並問道，「南部人當真害怕共和黨執政會直接、間接地干預奴隸或就奴隸的事情干預他們嗎？」

林肯表示，如果他們當真害怕，林肯向史蒂文斯保證南部人根本不用害怕：「在這方面，南部在華盛頓時代沒有危險，現在同樣也沒有危險。」

不過，林肯認為，這樣做是不能解決根本問題，或者無法解決問題，因為「你們認為奴隸制度是正確的，必須加以擴展，而我們則認為奴隸制度是錯誤的，必須加以限制。我認為關鍵就在於此，它當然是我們之間唯一的一個重要分歧」。

林肯從當選到就職的四個來月的時間裡，美國正經歷著

一場分崩離析的痛苦的內戰煎熬，對立的南北雙方都在為脫離和維護聯邦做孤注一擲的打算。在就職之前，林肯看著一個州又一個州宣告脫離，他一時間束手無策。

現在仍是布坎南總統當政，儘管他只剩下幾個月的任期，而布坎南同樣不知道該怎麼辦。布坎南反對脫離聯邦，並稱脫離聯邦為非法行為。他說，聯邦的「任何一個契約成員都不能隨心所欲地廢除它」，因為聯邦不僅僅是各州自願聯合在一起的一個整體，還是一個主權國家。

令共和黨大失所望的布坎南總統繼續說，政府不能強迫一個脫離聯邦的州回到聯邦來。這樣一來，等於是總統給了南部分子以暗示和鼓勵。

林肯坐等時間一天一天地慢慢逝去，他如坐針氈，度日如年，只有鬍子越長越長。他在家裡的沙發上躺著，撫摸著他的已經將下巴遮住了的鬍子。他以前是不留鬍子的，可是一個叫格雷絲・比德爾的小女孩告訴他如果他留上鬍子，他的臉就不會看上去那麼憂鬱，就會顯得好看些。那個小女孩還問他有沒有女兒。他不無遺憾地告訴她，自己只有三個兒子，沒有女兒。同時對她留鬍子的建議覺得有趣，最後終於聽從了她的勸告。

現在，林肯就躺在沙發上，撫摸著鬍子。他知道，在 12 月間有一種妥協的想法，即將密蘇里妥協線擴展到太平洋。

肯塔基州的約翰‧克里坦登要求對憲法做一系列的修正，希望能得到永遠的保護，最後該提案沒有通過表決。

林肯還知道，所有脫離的州或正打算脫離的州都在備戰，徵召自願兵，掌握民兵建設，並在退出聯邦的同時，攻占聯邦的軍火庫和要塞。

林肯很清楚，到 1861 年 1 月，南部各州脫離聯邦已成洪水決堤之勢，新聞界趁機興風作浪，掀起一股脫離狂潮。

林肯極為痛心，那個雙影鏡像也困擾著他，他感到來日多艱，遂決定去見繼母一面。他感到在他的少年歲月，他的繼母給了他求知上的很多幫助，他一直心懷感激。而且現在，他的父母及一個姐姐都早已故去，繼母是他過去生活的唯一見證，是一根紐帶，連結著過去歲月的美妙和親情。他牢牢記住紐帶一詞並將它用之於就職演說。

2 月 1 日他見到了繼母薩莉。她的唯一親生兒子約翰‧迪早在 1854 年去世，她現在住在女兒家。林肯對他的繼母極為愛戴，薩莉也極愛她的這個繼子，在他小的時候，她就看出他與眾不同，並極力促使他上進。現在母子相見，薩莉卻不僅僅感到高興，那是見到兒子的高興，還感到傷感，她的兒子就要到遙遠的東部去了，再也不像以前在巡迴法庭的時刻說回就回了，她還能再看到他嗎？而且她知道南部有人正計畫阻止他當總統，他們打算暗殺他。儘管兒子做了總統衣

錦還鄉，她卻老懷難暢。她多麼希望他不要去做總統啊，她
有一種不祥的預感，她覺得從此之後可能再也見不到他了，
她不由得緊緊抱住她的兒子，眼淚簌簌而下。

　　林肯在家逗留了一天，與繼母共享了一天的天倫之樂。
他還抽空去了一趟他父親的墓地。那裡荒草叢生，他在父親
的墳前立了一塊木牌。

　　薩莉惦記她的兒子，他第二天凌晨四點的火車，在那個
寒風凜冽的冬夜，薩莉不顧自己已是七十三歲的老人，趕來
相送。她抱著他不放，嗚咽著說怕再也難以相見。

　　林肯在回斯普林菲爾德前曾對亨頓說，不要將他們的律
師事務所的招牌取下了，他想著做完總統後回來重執律師舊
業。林肯與亨頓在那天晚上談了很久，他們差不多共事十七
年了。

　　當他們走出律師事務所時，亨頓後來回憶時寫道：「一路
上他講到一些有關總統的職位所特有的不痛快的特點。『我
已經厭倦了當官辦公，』他抱怨道，『而每當我想到擺在我面
前的任務我便不寒而慄。』」

　　其實，林肯的當選成了一根導火線，各種政治力量都在
重新組合，各種政治人物都在賣力表演。叫嚷要脫離聯邦的
急先鋒中，有些正是奴隸主的代表。

　　一個來自喬治亞州的種植場主就曾對民主黨全國代表大

會埋怨說：「我本來可以到非洲去，以每頭五十美元的價格買進更結實的奴隸，而如今我買進一個奴隸卻不得不付出一千美元至兩千美元。」

林肯反對殺戮，討厭叫囂，對於激進和妥協，他說「讓我們時刻記住，全體美國公民都是一個共同國家的兄弟。」

林肯一貫堅持原則，他在奴隸制問題上沒有絲毫妥協餘地。他在給特朗布爾、沃會伯恩和在華盛頓的其他友人的信中，一再指示他們一定要堅持立場，絕不准奴隸制度擴展一步。他給他們寫道：「在這一點上要像繃緊的鋼鏈一樣堅定不移。一場惡鬥即將來臨，與其今後某個時期出現，不如現在就來還好一些。」

在離就職典禮有幾個星期之際，許多來信都警告林肯，要他在去華盛頓之前謹防暗殺。

北部也在做好備戰工作：新組建的一些砲兵連隊正在芝加哥基地集訓。一千名黑奴正在南卡羅萊納州的查爾斯頓趕築防禦工事。

伊利諾伊州州長迪克・耶茨通知議會：「本州公民中有四十萬人可服兵役。」賓夕法尼亞州的議員們則宣布，他們州將提供五百萬美元和十萬士兵。

挫敗暗殺陰謀

1861 年 2 月 4 日，南方已脫離聯邦的六個州的代表們在阿拉巴馬州的蒙哥馬利召開大會，宣布組成一個名為「美利堅同盟」的臨時政府，選舉密西西比州的傑佛遜‧戴維斯（Jefferson Davis）為總統，喬治亞州的亞歷山大‧史蒂文斯（Alexander Hamilton Stephens）為副總統。

這時，行將去華盛頓就職的林肯，心情極不平靜。他收到了許許多多的信件，把他說成是給國家帶來災難的猩猩、猿猴、小丑、魔鬼、畸種、白痴，祈求上帝鞭打他、燒烤他、絞死他、折磨他，有的乾脆在他的肖像前畫上絞刑架和匕首。

對於這一切，林肯都不屑一顧，他心中念念不忘的是受任於危難之際，就要以大無畏的戰鬥姿態去迎接各方的挑釁，並戰勝它們，拯救國家和人民於水深火熱之中。

去華盛頓宣誓就職之前，林肯曾專程到芝加哥會晤新當選的副總統哈姆林，商定內閣名單的任命事宜。由於事前彼此就有信函往來，所以這一工作協調得頗為順利。

林肯只希望已加入共和黨的前輝格黨人和前民主黨人在內閣中能保持足夠的平衡。

在啟程去華盛頓的前一個月裡，林肯可忙壞了。他整理

好了行李，遴選了兩位隨身祕書尼古拉和海，還從盧明頓把拉蒙要來。林肯對他說道：「希爾，看來是要打仗了。我要你跟隨我，我沒有你不成。」於是，拉蒙便帶著他的五絃琴和隨身衣物，以角鬥士般的勇氣，隨同林肯前去華盛頓就職。

1861 年 2 月 6 日 19 時至 24 時，林肯夫婦在斯普林菲爾德的家中舉行家庭告別晚會，邀請了幾百名親朋好友、本州的政要名流以及左鄰右舍，大家相聚一堂，依依惜別。

在告別父老鄉親的日子裡，林肯還抽空草擬了 3 月 4 日他將在華盛頓發表的就職演說，趕在 1 月分就搶印出二十份，並確保祕不外泄。

2 月 11 日，天氣陰冷，細雨迷濛。林肯一行十五人於八時離開斯普林菲爾德，在大西鐵路車站啟程。2 月 12 日，正當 52 歲生日的那天，林肯來到辛辛那提市，市長熱情地接待了這位新當選的總統。

2 月 14 日，專車抵達匹茲堡市，林肯對喬治・威爾遜市長和市民們的「盛情接待」表示了感謝。2 月 18 日，專列到達紐約州。

林肯在州議會大廳謙恭地表示：「不是我故作謙虛，在所有被推舉到總統職位的人中，我的確是出身最貧賤的人。可是我所要完成的任務，卻比他們中的任何一位都要艱巨得多。」

　　紐約市迎接林肯的車隊由三十輛馬車組成，馬車前方開路的是一排騎警，那情景煞是威風！林肯乘坐的那輛敞篷車就是英國皇太子幾個月前剛坐過的那輛四輪四座馬車。在他下榻的斯特大廈，外面有五百名警察把群眾與他隔離開，被阻在警戒線外。

　　然而，林肯一行剛離開紐約市，就有一個暗殺他的陰謀正在積極醞釀中。一個名叫費爾南迪納的理髮師是這一陰謀的發起者。

　　這條絕密情報是林肯到達費城之後才得知的。當時他下榻於好友諾曼·賈德的住處。賈德是芝加哥鐵路公司的律師，1856 年至 1860 年曾任共和黨伊利諾伊州中央委員會主席。透過賈德的引薦，林肯接見了「費城 —— 威靈頓 —— 巴爾的摩」鐵路公司的偵探艾倫·平克頓（Allan Pinkerton）。

　　這位經驗豐富的諜報人員開門見山地說道：「林肯先生，我們得知一起暗殺你的陰謀，這份情報千真萬確。他們企圖後天在你經過巴爾的摩的途中下手。我此行是為了協助挫敗那暗殺陰謀的。」

　　平克頓接著詳盡地敘述了一起狂妄陰謀：巴爾的摩警察局長只打算派出一小隊警察去車站，一幫流氓將在站裡有意挑起鬥毆，便於把警察引開，接著費爾南迪納之流的刺客們便趁火打劫，乘機衝上前去，把當選的總統林肯團團圍住，

給以致命的一槍或一刀。平克頓說：「總統先生，我們建議今晚就把你送到華盛頓，搶在敵人行動之前，使他們措手不及。」

林肯考慮良久，然後說道：「先生們，我對這一建議深表感激。但我覺得我不能在今晚就去華盛頓。我已允諾明早在獨立廳升旗，然後再去哈里斯堡州議會進行訪問。我一定要履行這兩項承諾，不管代價如何。只有在這之後，我才打算考慮你們可能採取的任何行動計畫。」

2月22日，是華盛頓總統的華誕。那天早晨六時，林肯在禮炮聲和群眾的鼓掌聲中拉動著繩子，一面國旗徐徐升上了獨立廳的上空。他面向獨立廳擁擠的人群發表了講話。接著，林肯在荷槍實彈的士兵簇擁下來到哈里斯堡，接受柯廷州長的歡迎。

十八時，林肯上樓，把宴會禮服換成旅行便服，口袋裡塞一頂軟呢帽，手臂上搭著一件披風。下樓後，門口已停著一輛車。拉蒙和林肯一前一後地上了車，直朝車站駛去。

隨後，他們倆改乘專列離開哈里斯堡，空蕩蕩的兩節車廂的專列由賓夕法尼亞鐵路（Pennsylvania Railroad）公司的一輛機車牽引著，高速前進。

車上沒有一丁點燈光，拉蒙隨身攜帶著兩支普通手槍，兩支大口徑的短筒小手槍和兩把鋒利的長刀。電話線奉命切

斷，進出哈里斯堡的一切電報電訊全部中斷，一切消息均受到嚴密封鎖。

二十二時剛過，列車抵達費城，來站臺迎接林肯和拉蒙的，有偵探平克頓和「費城 —— 威靈頓 —— 巴爾的摩」鐵路公司總督肯尼。

平克頓和肯尼是乘坐馬車趕到賓夕法尼亞火車站的。他們把林肯和拉蒙接下專列，再親自把兩人送到「費城 —— 威靈頓 —— 巴爾的摩」火車站，從這裡搭乘紐約至華盛頓列車的最後一節普客臥鋪車廂。

平克頓早就派出手下的一名女偵探在那節車廂裡定下了靠尾部的幾個鋪位，其中有一個是為她那「生病的大哥」預定的臥鋪，即是為林肯準備的。

林肯快速地爬上了那個鋪位，窗簾也給悄悄地拉上了。到達華盛頓後，暫時下榻於威拉德旅館的一個套間。

那天早晨，他和 1860 年黨內的競選對手、這次被他提名為國務卿的威廉·亨利·西華德一道共進早餐，商討有關政府的交接事宜。

十一時，林肯與西華德一道走訪白宮，和內閣成員們握手寒暄，和詹姆斯·布坎南總統閒聊了一會。

布坎南打趣地對林肯說道：「如果你進入白宮時跟我回到惠特蘭老家時一樣地感到幸福，那你就真是個幸福的人了。」

頂住多方重壓

1861 年 3 月 4 日，布坎南總統和前總統現參議員皮爾斯從白宮前往威拉德旅館迎接林肯前往就職。林肯緩步走向露天講臺，愛德華‧貝克和道格拉斯站在林肯旁邊。貝克首先向大家介紹當選總統林肯，人們禮貌性地歡呼了幾下。華盛頓特區和馬里蘭都是蓄奴區，人們對他已是夠客氣了。

林肯的身體欠安，臉色蒼白，他掏出講稿，慢條斯理地展開並戴上眼鏡，摘下帽子放在道格拉斯手上，然後從容不迫地開始演講。

林肯說：「南部各州的人當中好像有一種恐懼心理，生怕共和黨執政會危及他們的財產、和平和人身安全。這種恐懼從來都是毫無根據的。」他重申了他一再重申的觀點「我無意直接或間接地去干涉蓄奴州的奴隸制度。我認為我沒有這樣做的合法權利，也不想這樣做」。

林肯還宣讀了一份決議，這個決議「保護各州的權利不受侵犯，特別是保護每一個州完全根據自己的意願來制定和管理自己的內部制度的權利不受侵犯，這對於我們政治結構的完善和持久所依賴的力量的平衡至為重要。我們譴責用軍隊非法入侵任何一個州或準州的領土，這種入侵不論出於什麼藉口，都是最嚴重的罪行」。因此，林肯補充說，「所有各

169

州如果合法地要求保護，不管出於什麼原因，只要憲法和法律規定應該給予保護的，政府都將樂於給予其保護，對於無論哪個地區都一視同仁。」

林肯的就職儀式與戴維斯相比除了顯得冷清外，還表明了一種大混合。參加儀式的除了各界群眾外，還有他的朋友，共和黨人，還有他的對手，不過這個對手為了聯邦已與他站在了一起。

根據慣例，總統宣誓必須由聯邦首席法官主持，因此羅傑·坦尼走上前來，在他耄耋之年主持了第一個共和黨總統的就職，以前他還主持過四個民主黨和四個輝格黨總統的就職典禮。

林肯左手按在《聖經》上，舉起右手，莊嚴宣誓：

我莊嚴宣誓，我將忠實地履行合眾國總統的職責，我將盡我最大的努力保持、維護和捍衛合眾國憲法。

這時，國會山上禮炮齊鳴，發出震天動地的巨響，向這位美國第十六任總統致敬。

宣誓儀式結束以後，這位新任總統上了車，經由賓夕法尼亞大道駛回去時，沿街的房屋都有綠衣的槍手暗中保護著，且一路還有步兵隊列。

當林肯終於到達白宮，而未曾受到任何傷害時，許多人為之驚訝。但也有一些人感到失望。

　　林肯就職時，還有成千上萬個憔悴又走投無路的人到處找工作，而他們也知道共和黨這回上臺，一定會把民主黨的一切官員免職，連一星期賺十元的辦事員也不例外。

　　眾多的求職者爭取著每一份工作，林肯進白宮還沒有兩個小時，就被他們所包圍。他們衝過走廊，擠滿了通道，占領了東廳，就連私人的客廳也被侵入。

　　也有些人只是來索取他的簽字當作紀念。還有一個靠出租房子為生的愛爾蘭婦女跑到白宮來，要求林肯幫忙向一個政府小職員收房租。

　　只要有一位官員罹患重病，就有幾十個求職者擁到林肯面前，要求這個補上空缺。每個人都帶了許多證件而來，但林肯連其中十分之一都來不及看。

　　有一天，有兩個求職者希望到郵局工作，並將一大堆證件塞進他的手裡。當時，林肯為省事起見，將兩人的文件原封不動地放上秤上稱了一下，然後就指定了那個擁有較重文件的那個人。

　　幾十個人再三地來求見林肯，要份差事，一旦受到他的拒絕就痛罵他。這當中有好多是遊手好閒的廢物。有一個女人來替她的丈夫找工作，並承認他因醉倒而不能親自前來。

　　「他們永不停止嗎？」林肯感嘆道。

　　這種求職者近乎瘋狂的進攻，曾經使扎卡里‧泰勒

（Zachary Taylor）總統上任後未滿一年半就去世，也使威廉·亨利·哈里森（William Henry Harrison）總統在四星期內便死去，但林肯卻必須忍受這些謀職者並同時還要主持戰爭。終於，他那鐵一般的身體也在重重壓力之下支持不住了。當他罹患天花時曾說：「叫那些求職者都立刻來吧，因為現在我有某種可以供給他們的東西了。」

　　林肯在就職演說發布的決議馬上受到了檢驗。宣誓就職後的第二天，林肯就得到了有關南卡羅萊納州查爾斯頓的薩姆特軍事城堡的壞消息。

　　薩姆特堡裡當時駐紮了一小批聯邦部隊。聯邦部隊指揮官安德森少校來信說，城堡給養日漸短缺，最多只夠四十天。除非得到補充，否則只好棄堡而去。薩姆特堡是南方仍舊處於聯邦控制下為數不多的城堡之一，林肯不願放棄。而且，林肯在宣誓就職時剛剛保證過，絕不放棄脫離聯邦各州境內的聯邦財產。

　　然而，向薩姆特堡運送補給非常困難。薩姆特堡位於查爾斯頓港的一個島上，四周都是南方炮火。是送糧接濟呢，還是撤離？林肯的內閣意見不一，但主張撤離者占絕大多數，幾乎只有郵政部長布萊爾一人明確表示贊成增援。

　　國務卿西華德擔心如不撤離要塞，就會引起戰爭，從而使邊界諸州迅速脫離聯邦。他自作主張，告訴南方代表聯邦

政府將不增援薩姆特並於十天內撤出。有四十天的時間可以猶豫，因為過了那個時候，安德森上校沒有麵粉和醃肉是無法守下去的。但一旦放棄薩姆特要塞，那便是默認了南方的獨立。

雙方的力量在這裡展開較量。共和黨的報紙展開了輿論攻勢，對政府的猶豫不決形同放棄主權不滿。

大眾對增援薩姆特的支持，使林肯堅定了堅守要塞的信心。他說：「假使安德森上校退出薩姆特，我就退出白宮。」但是，聯邦總司令斯科特老將軍卻在那裡說：「放棄薩姆特和皮肯斯兩處要塞也許是有道理的。」

三月底，林肯召集內閣開會，閣員們聽說了老將軍的意見，頗有些群情激動，主戰派逐漸多了起來，林肯趁機決定派一批船隻送糧至薩姆特。

勇敢應對初戰危局

1861 年 4 月 1 日，南北戰爭爆發。

4 月 6 日，林肯總統寫了一封信，派人設法送給皮肯斯州長。皮肯斯獲該信，他被通知聯邦「將試圖僅以糧食接濟薩姆特要塞。如果此舉不遭到抗拒，或該要塞未遭受攻擊，除非另有通知，均不運送人員、武器或彈藥」。

　　戴維斯總統贊成進攻薩姆特，於是陸軍准將皮埃爾·博雷加德（Pierre Gustave Toutant Beauregard）受命，必要時襲擊薩姆特要塞。4 月 11 日，博雷加德將軍特派一艘小船到薩姆特堡，給他那西點軍校）砲兵科的得意門生安德森少校送去一份照會：「我奉同盟政府之命要求你們從薩姆特堡撤離，我們將為你和你部的撤離提供一切必要的方便。」

　　安德森少校當即強硬復照：「我遺憾地通知你，我的榮譽感和我對我的政府的責任感，使我不能對你的要求唯命是從。」當少校把這份復照交付博雷加德的副官時，還加上一句，「先生們，即使你不用炮火把我們轟成齏粉的話，我們在幾天之內也會餓死的。」

　　博雷加德隨後又派了四個人划了一艘船去薩姆特堡。午夜過後，他們交給安德森少校一份照會，聲稱如果對方確定一個具體的投降時刻，就可避免「無謂的流血」。

　　安德森少校立即召集部下商議對策。會議從午夜一時一直開到三時。這時，安德森做出了回覆：「我真心實意地贊同你的避免無謂流血的願望。我將在備有適當和必要的運輸工具的條件下，於本月 15 日中午撤離薩姆特堡，如果我在那時以前沒有收到本政府制約性指令或新的供應品的話。」

　　4 月 12 日凌晨 4 點 30 分，查爾斯頓港駐軍對薩姆特要塞開炮，頓時硝煙瀰漫，炮火連天，炮聲震耳。薩姆特要

塞開炮還擊，慌亂中一門大砲爆炸了，一個聯邦士兵倒在地上。邦聯一氣轟炸了近 34 個小時，發射了近 4,000 發砲彈，薩姆特要塞斷斷續續打出近千發砲彈。令人意想不到的是雙方無一人死於對方炮火，儘管要塞差不多被基本摧毀，那面飄揚在要塞上空的旗幟也被炸得大窟小眼。更令人意想不到的是由此而開始的這場戰爭奪去了 62 萬條生命，持續達四年之久。

4 月 15 日，林肯政府宣布徵召 7.5 萬名自願軍。戰爭狂潮橫掃南北，而在北方顯得尤為萬眾一心，鬥志高昂。無數城鎮、村莊，熱烈響應林肯的號召，年輕人們紛紛入伍，正準備前赴華盛頓。

4 月 17 日，已經開了兩個月的維吉尼亞州議會結束了馬拉松式的會議，決定退出聯邦。這個決定終於使一個滿腹心事的人打定主意回到維吉尼亞，他就是羅伯特‧愛德華‧李（Robert Edward Lee）。他的父親是著名的「輕騎哈利」，曾在獨立戰爭中功勛卓著，深受華盛頓寵愛，而他本人也是公認的軍事天才，而且為人嚴謹正派，曾宣誓效忠美利堅合眾國。

羅伯特‧愛德華‧李與林肯一樣，痛恨奴隸制度，並希望有朝一日能廢除它。而且他熱愛聯邦，憎惡那些產棉州的自我吹噓、驕傲好戰，他一直不相信南方聯盟會得勝。

當維吉尼亞宣布脫離之後，他毫不猶豫地拒絕出任聯邦軍隊指揮，並說：「我不能率領一支敵對的軍隊跟我的家人、親戚作戰，所以除了保衛我的故鄉維吉尼亞外，我不想再拔出我的劍了。」他的這一決定，似乎就把南北戰爭延長了兩三年。

林肯政府徵召的 7.5 萬名三個月服役期的志願兵，將在 7 月期滿，於是在 6 月下旬大家大聲疾呼要求：行動！行動！行動！在一個極熱的 7 月天中，麥克道爾帶著他的三萬名大軍，浩浩蕩蕩地去攻打在維吉尼亞州布爾河的南方聯盟軍隊。

當時的美國將領中，沒有一個人曾經率領過那麼大批的人馬。這支部隊的一個旅歸謝爾曼上校指揮，他發現用盡一切辦法也難以阻止那些未經訓練的士兵在炎炎烈日之下，不去找水喝和摘路旁的野草莓。

麥克道爾的三萬大軍雄心勃勃地又散散漫漫地向前進，南方政府將在 20 日召開國會，他們幻想著前往將其逮捕，並押送回華盛頓。18 日，部隊遇到布爾河軍隊的前哨，他們打了一仗，使得部隊耽擱了兩天。

9 時左右，北方部隊開始佯攻布爾河的石橋和下游灘頭。這時，石橋上游約兩英里處，大隊北軍人馬正度過布爾河，南軍幾支軍隊奉命趕至其左側，仍然不敵，不得已退至

亨利豪斯山上。11 時，戰火更大規模地蔓延開。南軍左翼受到更猛烈攻擊；北方軍隊在數量上占有極大的優勢，打得南軍潰不成軍。

不久，天空飄下濛濛細雨，使激戰的雙方更感陰沉。南軍起初是慢慢撤退，又轉而進攻。

北方觀戰的人們看著自己的軍隊退到布爾河時，便覺得情況不妙。大砲隆隆作響，更可怕的還是南軍衝殺過來時的尖銳吶喊。立即，一個國會議員趕著他的馬車回頭就跑，民眾紛紛緊隨，大家害怕地跑著。撤退過來的部隊也被傳染了恐怖的情緒，他們跟著跑開。

戰場變得一場混亂，北方潰軍肆無忌憚地往回跑，他們只怕追來的敵軍。發瘋失神的人們拋掉他們的槍桿、外衣、軍帽、腰帶、刺刀，只是跑著，像是被一種無名的怒火所驅逐似的。有些人完全精疲力竭地倒在路上，並被路過的車馬壓死。

那天是星期日，當林肯還坐在教堂裡時，二十英里外的炮聲就傳進了他的耳中。禮拜完後，他直奔國防部，要閱讀那些從戰地各方傳回的電報。電報稿雖然片段不全，林肯還是很願意和斯科特將軍討論那些事。所以他連忙趕到那位老將軍的寓所。這位老將軍看看這些由戰場上送回的電報後，就告訴林肯沒有什麼可牽掛的，而後又抱怨著他的背痛，便

再躺下睡著了。

這天半夜，北方軍慘敗的軍隊，在混亂中，開始蹣跚地度過波多馬克河上的長橋，走入華盛頓市區。

人行道上置起桌子來，也運來了幾車麵包，有一些時髦的小姐、太太們站在熱騰騰的大鍋湯和咖啡旁分配食物。

麥克道爾已完全精疲力竭，就在趕寫一份通訊電報時，竟然在一棵樹下睡著了，手裡還握著他的鉛筆，一個句子才寫完一半而已。

他的士兵們現在疲憊不堪也顧不得一切了，所以他們隨地倒在人行道上酣睡，在傾盆大雨中睡得和死人一般一動也不動，有些在睡夢中，還緊握著他們的槍。

星期日這一晚，林肯一直未睡。天明後，他傾聽著新聞記者和頭戴絲質帽的市民講述著他們目睹的混亂情形。他已看出那將會是長期的戰爭，所以他請求國會徵召四十萬人。

國會替林肯政府招募十萬人，並同時決定，另有五十萬人要服役三年。

在戰爭開始不久，有一位名叫麥克列蘭的年輕將軍，帶著二十門大砲和一部活動印刷機，衝進了維吉尼亞，攻擊南方聯軍。事後，他的活動印刷機印發出幾十次誇張的捷報，將他的勝利告知全國。

由於當時戰事才剛開始，人民恐慌而盼望著某個英雄出

現，所以也就對這個年輕軍官的評估信以為真。在布爾河戰敗後，林肯請他來華盛頓，任命他為波多馬克軍區司令。

麥克列蘭畢業於西點軍校。他極愛騎馬，因為騎在馬上更使他像個統帥。他的部下遠看見他騎馬過來，便高聲喝采，他便在馬上得意洋洋地模仿拿破崙揮手的樣子，為此贏得了「年輕的拿破崙」的美譽。

他的確有些拿破崙的才幹，一上任便開始重新組織和訓練軍隊，使得那些不知紀律為何物的士兵成為唯命是從的軍人。林肯再三催促他進攻，他只是舉行閱兵並談論許多有關他行動的事，一直是空談。

麥克列蘭一再地拖延，一再地找出各種理由，但當被逼到不得不加以說明時，又總是怒氣沖沖甚至不加理會。

波多馬克河毫無戰事。林肯忍受不了這種寂靜，他迫切需要勝利來鼓舞士氣，激勵民心。

因此，在一個寂靜的夜晚，林肯找到西華德，帶著祕書約翰·海，前往麥克列蘭家，碰巧總司令去參加一個婚禮。

麥克列蘭二十三時後回來的時候，發現了等候約一個小時的總統一行人。他走過他們所在的房門口，愛理不理地徑直上了樓。一會僕人給林肯他們傳話，說他太累了，已上床就寢了。

這個年輕的總司令如此無禮，使西華德氣得發抖，林肯

則平靜地離開了。第二天他說：「只要麥克列蘭能打勝仗，我情願為他牽馬。」

一年過去了，麥克列蘭還是沒有行動的跡象，只有操練士兵和舉行閱兵，並說大話。

全國為之譁然，林肯也為麥克列蘭遲遲不動的緣故，而受到各方的抨擊和責難。「你的拖延要毀滅我們了。」林肯叫道，並正式下達進攻的命令。

事到如今，麥克列蘭必須採取行動，否則就要被逼辭職了，於是他連忙趕到哈波渡口，命令他的部隊立刻出發。他計畫去攻打維吉尼亞，當麥克列蘭將這個事情告訴林肯，並說浮橋尚未準備好的時候，那最有耐心、也最會容忍的總統終於發脾氣了，用他以前在印第安納州鄉下的俚語質問道：「見鬼了，為何還沒準備好呢？」

五月，這「年輕的拿破崙」對他的士兵們作了一場演，誇口說他要立即解決整個戰事，並讓士兵們早點回家去種植玉米和小麥。然後，他終於帶兵出發了。

這時的李將軍和斯登華爾·傑克森很清楚，他們所對付的是一個膽怯且從來不上戰場的麥克列蘭。所以李將軍就讓他用三個月的工夫到達里乞蒙。當麥克列蘭帶兵抵達城外時，士兵們似乎可以聽見教堂的鐘聲。

這位機智的李將軍對麥克列蘭一連發動了幾次凶猛的攻

擊，不但在七天內，就把他趕回兵艦上躲起來，且還使他損失了 1.5 萬名士兵。

麥克列蘭的兵力本來就比敵人多。他每次不會一下子把他所有的兵力用上，但他卻不斷地要求增兵。起初，他要求多加一萬人，然後五萬人，最後要十萬人。儘管他曉得那是不應該的，而林肯也知道他曉得這一點，林肯告訴他，那種要求「簡直是荒唐」。

麥克列蘭的岳父馬細任林肯政府參謀長說，事到如今除了訂約投降外，別無他策了。

聽到這話時，林肯氣得漲紅了臉，他請人把馬細找來說道：「將軍，我聽說你曾說過『投降』這個詞，只要是與我們的軍隊有關的話，那是一個不該使用的詞。」

「在軍事行動上，」林肯感嘆地說，「一個指揮者的智慧是多麼重要啊！」因此，他多次都跪下禱告，祈求上帝賜給他一位羅伯特・李或約瑟・約翰斯頓或斯登華爾・傑克森。

「傑克森，」他說道，「是個勇敢、誠實的軍人。只要我們有這一種人來統領北方軍隊，那麼國家就不至於如此多難了。」然而在整個聯邦軍隊中，到哪裡去找出另一位斯登華爾・傑克森呢？沒有人知道。兩年來，林肯一直想要找出這位全國所盼望的軍事領袖。

他起初認為麥克列蘭是這個人，就把軍隊交給他，而這

位將軍只會率領人馬打敗仗。於是，這位讓國人蒙受羞辱的將軍就被調換，但是另一個也同樣是個沒有能力的人，嘗試一番又造成一萬多人死亡。

林肯穿著便裝長衣和拖鞋，整個晚上在地板上踱著方步聽取各種報告，一再叫嚷著：「我的上帝呀！國民將說什麼呢？我的上帝呀！國民將說什麼呢？」而後就又有另一個統帥就任，但依然是失敗。

絕望之餘，林肯把軍權交給班賽特。班賽特知道自己並不勝任，於是他曾兩度推辭。當他被迫受命時，他竟然哭了。之後，他統領軍隊，向李將軍在菲勒利克斯堡的軍隊猛烈進攻，最後竟喪失了 1.3 萬名士兵。士兵們死得很冤枉，因為根本就沒有一絲獲勝的希望。

於是，軍官以及士兵們開始大批地逃亡。班賽特被革職了，而軍隊就被交給另一個吹牛者胡克爾。「但願上帝可憐李將軍吧，」胡克爾誇口道，「因為我不會寬恕他的。」

胡克爾帶領了他所謂的「全球最精銳部隊」迎擊李將軍。他的兵力有南方軍隊的兩倍多。但是，李將軍在長思拉村將他趕過河，並殲滅了他部隊中的 1.7 萬人。

在那狀況惡劣的幾個晚上，林肯來回不停地在他房間裡踱來踱去，同時叫嚷著：「完了！完了！一切都完了！」雖然如此，最後他還是前往菲勒利克斯堡，去慰問胡克爾並鼓勵

他所帶領的軍隊。

林肯憂傷過度，陷入一種無精打采的絕望中。他幾乎不能處理他的公務。那些信件、電報放在他的桌上都還沒有翻閱。

他的醫生怕他不能康復，也怕他會永遠這樣消沉下去。

總統有時會坐著高聲朗讀幾個小時，聽眾只有他的祕書或侍從武官。通常他所念的是莎士比亞的作品。

有一天他正在給他的侍從武官念「約翰王」，而當他念到康士坦士哭亡兒那一段時，林肯合上書，就背誦了下面的幾句：「天主神父啊，我曾聽你說，在天上我們能重見我們的朋友，當真如此，我將再見到我兒呀。」

以人格魅力感化人

林肯的內閣們和軍隊一樣，互相爭鬥與嫉妒。面對這種情況，林肯總是用自己的人格力量去化解爭端，促成團結。

國務卿西華德自命為「內閣總理」，無視內閣其他的成員，常常干涉別人的行政，引起了那些人的反感。

財政部長蔡斯則蔑視西華德，憎恨麥克列蘭將軍，更怨恨國防部長斯坦東，同時也憎惡郵政總局長布萊爾。

布萊爾卻誇口說，當他一向人挑戰的時候，便是他「要

置人於死地」的時候。他指責西華德是個「無定見的說謊者」，始終不肯和他有任何來往。布萊爾因到處挑戰，終於使自己掉進無法翻身的陷阱裡。因為結怨太多，林肯只好請他辭職。

副總統漢尼巴爾・哈姆林不願意和海軍部長基甸・韋爾斯說話。韋爾斯則頭戴著精巧的假髮，並留著一大簇白鬍鬚，寫著日記，其裡面每一頁的記載幾乎把他所有的同僚們攻擊得一文不值。

韋爾斯特別憎恨格蘭特、西華德以及斯坦東。至於那既暴躁又無禮的斯坦東，是他最恨的人。他輕蔑蔡斯、韋爾斯、布萊爾、林肯夫人，乃至於其他任何人。

「他從來不顧慮別人的想法，」格蘭特說道，「而當他拒絕人家的要求時，會比准許時還要快樂得多。」

謝爾曼恨透了斯坦東，所以有一次在大庭廣眾面前，在閱兵臺上使斯坦東蒙受恥辱，而十年後當他寫回憶錄時，還以這事引以為樂。

幾乎每個閣員都自認為比林肯優秀。華盛頓全城都說是西華德在把持著政權。這話重重地傷了林肯夫人的自尊心並引起她的憤怒。她只有催促她那謙虛的丈夫要為自己辯護。

「我也許自己不會統治國家，」林肯向她保證，「但西華德確實也是不行的。唯一能主宰我的是我的良知和我的上

帝，而這些人們將來都會明白這一點。」果然，後來人們全都明白了這一點。

沙爾門・蔡斯，看上去像是個天生的政治人才，不但有修養，而且是個古典文學家，精通三國語言。他是個很虔誠的教徒。

林肯是個幽默天才，不論在任何情況下都能使蔡斯因憤怒而煩惱。

一天，林肯的一位老朋友自伊利諾伊州來白宮拜訪他。守門人用警戒的眼色將他打量一番，就說「總統不能見客，內閣正在開會」等話來打發他走。

「那沒有關係，」那客人說道，「你只要告訴林肯，奧蘭德・克洛格想要跟他講一個口吃的法官的故事，他就會來見我。」

林肯聽後立刻吩咐要他進來，並和他握手言歡。轉過身向著內閣成員們，說：「諸位，這是我的老友奧蘭德・克洛格，他想和我們講一個口吃的法官的故事。這是個挺好的故事，所以我們現在就把公事先放下吧。」

於是，嚴肅的官員們和國家大事只得等候，而奧蘭德儘管說他的故事，林肯則盡情地大笑一場。

每當這時，蔡斯就氣極了，因為他對國家的將來感到擔憂。他埋怨林肯根本是把戰事當作玩笑，且正在把國家的前

途送進破裂和滅亡的深淵裡去。

蔡斯在林肯的面前假裝是個朋友，但在林肯的背後卻是總統的死對頭。

林肯屢次不得不為決定政策而得罪一些有勢力的人們時，蔡斯便趕快跑到那悶悶不樂的犧牲者面前，向他們表示同情，然後就挑撥他們對林肯的怨恨，並說若是沙爾門‧蔡斯當權的話，他必定能得到公平的處理。

「蔡斯就像是一隻飛蠅，」林肯說過，「他能在每個他可尋到的、腐壞的地方隨時下卵。」

然而，若比起那凶暴的斯坦東，蔡斯還只是一隻溫順的小貓呢。短小精幹、有犛牛似體格的斯坦東確有一些類似動物的凶猛及狂暴的性情。

和斯坦東初次見面是在一次為了專賣特許權的案件開審時，而當時的他們，連同費城的喬治‧哈丁，都是身為被告的顧問。當時的林肯曾把案件仔仔細細地研究過，並準備要發言。

但是斯坦東和哈丁卻看不起他，不但將他撇在一邊不去理睬，還侮辱他，甚至不準他在開庭時說出一句話。

斯坦東說過：「我絕不願和那樣可惡、笨拙的長臂猿來往。倘若我不能和一個有紳士風度的人一起處理這個案件，那我寧願放棄。」

　　林肯說他每次回到家，總是感到極大的羞辱，然後就陷入極度的憂鬱中。「我從來沒有被像斯坦東那樣的人惡劣地看待過。」

　　當林肯成為總統時，斯坦東對他的蔑視和厭惡更是加深。他說他是「一個痛苦的無能者」，並宣稱他毫無辦法治理國家，應該由一個軍事獨裁者把他驅逐出去才對。

　　有一天，一個國會議員說服了總統，要求調動某部軍隊。議員拿到命令後便匆匆忙忙地跑進國防部，將它放在斯坦東的桌上。但斯坦東尖聲說他絕不照辦。

　　那個議員抗議道：「可是，你可別忘了這是總統的命令啊。」

　　斯坦東反駁道：「如果總統給了你這一道命令，那他一定是個傻瓜。」

　　那位國會議員又跑回林肯那裡，期待著要看林肯大發脾氣並開除這個國防部長。

　　但是，林肯靜聽事情的始末後，面露笑意，便說：「如果斯坦東說我是個傻瓜，那麼我必然就是，因為他幾乎是對的。我願意去找他商談。」

　　林肯果然去了，斯坦東堅持他的命令是錯的，林肯最後只好收回成命。既然曉得斯坦東痛恨受干擾，林肯總是讓他隨心所欲地去做。

　　然而有時，總統也會固執地堅持己見，而這時斯坦東可要當心了。有一次，林肯寫了一道命令說：「不用『假如』、『而且』或『但是』，愛里渥‧賴斯上校應晉升為美國陸軍准將。林肯。」

　　到後來，斯坦東、西華德以及好多最初謾罵或輕視林肯的人們，都曉得要尊敬他。當林肯躺在福特戲院對面的一所公寓裡垂死的時候，這位鐵人斯坦東，就是曾經詆毀他為「一個痛苦的低能者」的人，卻說道：「這裡躺著全世界有史以來最完善的人類領袖。」

發表解放黑奴宣言

　　1862 年夏，林肯聽取完反奴隸制的牧師蒙丘爾‧丹尼爾‧康韋有關全國各地情況的匯報後，嚴肅地說：「當解決奴隸制的時機到來時，我確信我一定會盡我的職責，哪怕付出我的生命也在所不惜。先生們，一定會有犧牲的。」

　　1863 年 1 月 1 日，是決定發布第二個宣言即《最後解放黑奴宣言》的日子。英國的一些報刊預言，宣言發表後，必將引起黑人奴隸的暴動，南方人民將慘遭屠殺，美國將面臨可怕的命運。

　　不少人都懷疑林肯總統是否會如期發表這個宣言，有人

甚至認為林肯會在 1 月 1 日撤銷它而不會發表。內閣會議開完，林肯用了一整天的時間重新抄寫了宣言的全文，然後再交給國務院正式謄清。

宣言規定下述地區將不宣布解放奴隸：田納西州、密蘇里州、肯塔基州、馬里蘭州四個未脫離聯邦的邊界蓄奴州；路易斯安那州的十三個縣級教區和維吉尼亞州諾福克周圍的一些縣。

1 月 1 日上午，總統主持了元旦例行招待會，和政府及陸海軍中的高級文武官員以及各國外交使團的成員一一握手。招待會持續了三個小時。

這天下午，西華德和他的兒子弗雷德里克帶著林肯親自起草的《解放黑奴宣言》文本來到白宮。這一份完整的文件，總統必須在上面簽字。林肯知道，與這個文件相連的名字永遠不會被人們遺忘。

在簽字之前，林肯不勝感慨地說道：「在我的一生中，我還從來沒有像在這個文件上簽名這樣更加確信自己做的是對的。但我從九時起就一直在接見客人，和他們握手，弄得我手臂僵硬麻木。」

「現在這個簽字將被人們仔細看看，如果他們察出我的手有點顫抖，他們就會說『他有點後悔了』，但無論如何，這個字總是要簽的。」說完，他再次拿起筆，沉著而堅定地署上

了「林肯」的名字。

國務卿西華德也簽了名，然後蓋上章。隨後，文件便存進了國務院的檔案庫中。

《解放黑奴宣言》這一份質樸審慎的歷史性文件在發表之後，立即成為有巨大轟動效應的新聞，在當天乃至於在當月，透過各種媒體和書信傳遍了全世界，成為億萬人的關注焦點。

宣言登報之後，立即受到國內外人民群眾的熱烈歡迎和全力支持。匹茲堡、水牛城和波士頓鳴放禮炮一百響以示慶賀，在北方的一些城市裡，人們通宵達旦地舉行集會，盡情歌唱，歡笑，祈禱，黑人群眾都在興高采烈地迎接新的曙光。

儘管《解放黑奴宣言》給了南方同盟以沉重的打擊和極大的震撼，使內戰形勢從此向有利於北方轉化，但因為它沒有明確宣布廢除奴隸制度也沒有規定給予黑人以土地，所以，一些廢奴主義者和反奴隸制的極端分子仍不滿足。有的說宣言太溫和了，應該更徹底、更堅決一些。

黑人解放猶如衝擊堤壩的洪水，其勢銳不可當。在廣受信任和擁戴的同時，也遭到蓄奴派和「銅頭蛇」之流的惡毒攻擊，尤其是在《解放黑奴宣言》發布之後。

1863 年 3 月分，《芝加哥時報》一馬當先，散布了「彈

劾」總統的輿論，諸如「下次國會開會時將對總統進行彈劾」「總統所犯的罪行罄竹難書，人們有足夠的理由對他進行彈劾」「每個真正的愛國者在獲悉總統將受懲辦時，定會歡欣鼓舞」等。

此外，當時還有種種傳言，說什麼「白宮中暗藏著一名南方女間諜」。言外之意是，指責林肯總統的夫人不忠於聯邦。

一天上午，國會戰爭指導委員會中的參議員們特地舉行了一次祕密性集會，專門審議有關林肯夫人背叛聯邦的檢舉揭發報告。誰也沒有想到的是，會議剛剛開始，林肯神不知鬼不覺地出現在參議員們的面前，再也沒有比這更使與會者感到惶恐不安的了。

與會者之一描述現場的情景時說道：「在會議桌子的另一頭，一個身材高大的人孤零零地站著，手裡拎著一頂帽子，他正是林肯。他的眼神像死人般的悽慘，明顯地流露出一種無法形容的完全孤立之感。

不一會，這位不速之客控制住了自己的感情，用一種淒涼的聲調徐徐說道：『我，林肯，合眾國總統，完全自願地到參議院本委員會面前聲明：就我所知，關於我家庭成員有叛國通敵行為的消息是不真實的。』林肯在說完這一證詞後，便像來時那樣悄然離去。」

那位與會者繼續寫道：「我們大家面面相覷。過了好一陣，大夥兒都心照不宣，一句話也沒有說便同意不再討論有關總統夫人出賣聯邦的謠言了。我們都深受感動，決定立即休會。」

對人絕不輕易批評

1863 年 6 月，南北戰爭繼續進行，南軍李將軍準備揮師北上。李將軍領兵北上，其先頭部隊在馬里蘭，但其後防卻在弗雷德里克斯堡，在這麼長的陣線上，某一部分勢必被拉得非常脆弱。

林肯得知後很興奮，於是問胡克爾：「你能不能將它切斷？」胡克爾卻像麥克列蘭一樣畏縮不前。林肯便讓喬治‧米德統領波多馬克軍。米德領命就職。

6 月 29 日，李將軍的軍隊穿過馬里蘭進入了賓夕法尼亞州。李將軍率領 7,500 名士兵，士氣高昂，絲毫不把北軍放在眼裡，一路直向賓夕法尼亞首府哈里斯堡而來。

雙方的戰鬥在 7 月 2 日的 14 時開始，南軍朗斯特里特率眾猛攻聯邦軍的左翼。猛烈的戰鬥持續了兩個小時，三百門大砲朝各個方向開火，炮聲震耳欲聾，大地在顫抖，爆炸後的濃煙在戰場上翻滾。叛軍略占優勢。

7月3日，李將軍為兩次小勝而小瞧了北軍，認為他們不堪重擊，遂決定直擊北軍中央。米德的炮火對準一塊開闊的地方，還有步槍埋伏準備開火。但李將軍不為所動，說道：「以前軍隊中從未有這麼勇敢的士兵，如果領導有方，那他們就會在任何情況下做任何事情。」

南軍在喬治・皮克特（George Edward Pickett）的率領下，穿過半英里長的彈雨，攻進了陣地，與北軍開始肉搏。皮克特披著一頭披肩長髮，手拿閃閃發亮的指揮刀，指引著攻向北軍要害。

有意思的是，喬治・皮克特這個人曾是林肯的朋友，是在林肯的幫助下才讀了西點軍校的。當他向北軍猛衝的時候，他軍隊人員的傷亡太大，逐漸抵擋不住北軍。北軍在自己的土地上作戰，感到好像在自己的手臂上懸著國家的命運似的，他們打得極為勇猛，結果南軍敗下陣來。

李將軍錯了，他犯下了不可挽回的錯誤。以血肉之軀去阻擋炮火，以步兵去對付砲兵，這使得李將軍的軍隊損失慘重，傷亡達 3.6 萬人。北軍相對較輕，也達 2.3 萬人。

不過，李將軍雖敗而不亂，7月4日就退回第一天開戰時的陣地據守。米德也無意進攻，而他的反攻正是李將軍所害怕的。趁著晚上的大雨，李將軍將軍隊退回到波多馬克河。

　　令李將軍叫苦連天的是，河水陡漲，無法渡河。這時李將軍進退兩難，看來只有束手就擒了。

　　米德知道這是一個千載難逢的良機，因而試圖攻擊李將軍的軍隊。他把時間定在 7 月 13 日，就在前一天晚上，他卻召開了一個作戰會議，徵求各軍意見。

　　結果發現只有兩個軍長願意作戰，這使得米德進退兩難。總統一再敦促他進攻，他也試圖如此，然而，卻無可奈何！如果他不召集作戰會議，直接發號施令，就不存在願意或不願意的問題，軍人以服從命令為天職，但既然知道了他們不願進攻，而逼迫他們進攻，那就顯得太專斷。

　　林肯似乎預感到米德會召集作戰會議，他讓總司令哈勒克電告米德：「開作戰會議就打不成仗。」仗果然沒打起來。就在米德猶豫不決的時候，李將軍的部隊正忙著過河，如果此時發動進攻，可穩操勝券。但米德錯過了機會，至 14 日中午，李將軍的軍隊全部安然而退。

　　林肯大怒，高聲叫道：「天啊，這是什麼意思？敵人已為我所掌握，只要舉手之勞即可勝利。可是不論我怎麼說怎麼做，就是不能推動那支軍隊。在那種情況下，差不多任何將軍都可打敗李將軍了。即使是我，也能打敗他的。」說到後來，他實在是痛惜的成分居多。

　　在痛惜之際，林肯不由自主地坐於桌前，提筆寫信給

米德：

　　對於蓋茲堡大捷你給國家做出的貢獻，我是非常、非常感激的，你在蓋茲堡和敵人打了一仗，把敵人打敗了，當然，至少可以這樣說，敵人的損失和你的損失一樣重。敵人撤退了，而你呢？我看似乎並沒有對敵人窮追不捨。

　　但這時河流長滿洪水，把敵人阻住了，這樣你可以慢慢地追上敵人。你身邊至少有兩萬名老兵，在支援範圍內的新兵也有此數，另外還有在蓋茲堡和你並肩作戰的部隊，而敵人卻不可能獲得一個兵源的補充。可是你卻按兵不動，讓洪水退盡，讓橋搭起來，眼看敵人從容不迫地跑掉而不去追擊。

　　他接著寫道：

　　親愛的將軍，我認為你對李將軍的逃跑所造成的嚴重後果並沒有充分地了解。他當時就在你的掌握之中，只要追蹤合圍，再加上我們最近獲得的其他勝利，戰爭就可以結束了。

　　而現在，戰爭將無限期地拖下去。要是你上週一不能有把握地攻擊李將軍，現在你在波多馬克河之南，兵力只有原來的三分之二，又怎麼能向他進攻呢？

　　林肯越寫越惱火：

　　現在要指望你有多大成就是不可能的，而我也不指望

了。你已經錯過了大好時機，這使我感到無限煩惱。

　　寫至此，林肯停了一下，怒氣一經泄出，心裡就好受一些。他覺察到語氣過於嚴厲，便又補充了一段：

　　請不要認為我的這番話是要指控你，或存心為難你。正因為你已經知道我對你的不滿，我才覺得最好還是誠懇地把不滿的原因跟你講清楚。

　　寫完後，林肯不禁設身處地地替米德著想，米德在蓋茲堡戰役中幾天幾夜沒有闔過眼，而且戰場顯得那麼悲壯，那麼慘不忍睹，「如果我是米德，」林肯想，「或許也會放過李將軍吧。」此時，林肯怒氣全消，遂將這一封信擱置起來，沒有發出。

　　這封信不曾發出，米德也未曾讀到它。它是在林肯死後，從他的文件中發現的。

信任並重用格蘭特

　　早在南北戰爭開始時，在伊利諾伊州的伽勒那召集了一隊志願軍，由西點軍校畢業生格蘭特操練他們，因為他算是伽勒那這座城裡唯一懂得練兵的人。但是，當士兵帶著武器出發奔赴戰場的時候，格蘭特卻只能站在人行道上目送他們。原來上級已經選了一位隊長代替了他。

　　格蘭特寫信給國防部，敘述他的經歷，並請求被派為一個團的上校。他的信從未得到答覆。

　　後來，伊利諾伊州志願軍的第十一團叛變，成為一群武裝的暴徒。葉特州長慌了。他本來不重視格蘭特，但格蘭特是從西點軍校畢業的，所以州長就不得不用他。這樣，格蘭特走到斯普林菲爾德的操場，去接管那個無人可統制的團。

　　他沒有馬匹，也沒有制服，因為沒有錢去買。他那一頂汗漬斑斑的帽子上有好幾個破洞，他的雙肘也露在那一套舊外衣的外面。他的士兵們，向他開玩笑。有一個傢伙在他背後用拳打他，而另一個人衝向那個人的背後用力一推，使他向前倒去，並撞上格蘭特。

　　格蘭特立即下令，若有人違抗命令，就整天被捆綁在一根柱子上；若是有人開口罵人，就用東西塞住他的口；若是團裡點名有人遲到，他們會一天一夜沒有飯吃。這位伽勒那出身的軍人馴服了他們暴躁的習氣並帶領他們到密蘇里去打仗。

　　不久，另一次驚人的幸運又降臨到他頭上。那些日子，國防部正在選派多位准將。伊利諾伊州曾選出華士奔為國會議員。他的政治野心很大，一直想對伊利諾伊州的父老們表示他有辦法，於是他就到國防部要求從他的轄區內指派一個准將出來。可是有誰呢？在華士奔的選民當中就只有一位西

點軍校的畢業生。

　　於是幾天以後，格蘭特拿起一份聖路易的報紙，看到一件令人驚喜的消息：他升為准將了。

　　他被派駐伊利諾伊州開羅的司令部後，便立刻開始工作了。他用船載運他的軍隊，開往俄亥俄河上游，占領了帕度加，即肯塔基州的一個策略據點，而後提議拿下田納西州去攻打那個控制著甘巴蘭河的登涅遜要塞。格蘭特在一個下午便奪取了要塞，並且俘虜了 1.5 萬人。

　　格蘭特進攻的期間，南方盟軍的西門‧巴克那將軍請求講和，但要談投降的條件，可是格蘭特極其尖銳地回答：「我唯一的條件就是無條件並立即投降。我提議要立刻攻上你們的城堡。」

　　西門‧巴克那就是收到這一份簡短答覆的南方盟軍的將領，原來在西點軍校時他就認得山姆‧格蘭特，而且當格蘭特被軍隊開除時，還借錢給他去付他的租金呢。看在那份借款的份兒上，巴克那覺得格蘭特在措辭上應該要更客氣一些才對。但是巴克那還是原諒了他，並同時投降了。之後，他整個下午一邊抽著菸，一邊和格蘭特談往事。

　　登涅遜堡的攻陷帶為北方保住了肯塔基州，使得北方軍隊安然進軍兩百英里而未受阻擊，並驅逐了田納西州大半的南軍。也切斷了他們的接濟，因而造成那士維的陷落以及哥

倫布堡的失守。這一連串的打擊引起南方普遍的士氣低落，而使緬因州到密西西比州的各處戰火綿綿。

那是一次令人驚異的大勝利，並在歐洲造成了一番空前的讚佩。從那時候起，國會提升格蘭特為少將，並派他為西部田納西軍區的司令官。

格蘭特在西部的直屬上司是哈萊克。海軍上將富特稱哈萊克為軍事白痴，但是哈萊克卻自命不凡，他總覺得格蘭特這位曾經被軍隊革職的人居然無視他的存在。因為他曾幾乎每天打電報給格蘭特，但格蘭特竟然不理會他的命令。至少，哈萊克是那樣想的，但是事實並非如此。當登涅遜淪陷以後，電信方面就已截斷，使他無法將電報發過去。

但是哈萊克並不曉得這件事，他十分憤怒，只想給這年輕人一頓教訓。於是，他接二連三地向麥克列蘭打電話，一直刁難格蘭特。

麥克列蘭也嫉妒格蘭特，因此他給哈萊克一份電報說：「假如是為了職務上的益處，不必猶豫，盡速拘捕格蘭特並改令 G·F·斯密斯統率軍隊。」哈萊克便立刻奪去了格蘭特的兵權。

一年後格蘭特復職了，卻在西羅一戰造成悲慘的大錯。假若不是南方盟軍的將領約翰斯頓在戰爭中因失血過多而陣亡，那麼，格蘭特的全軍可能要被包圍而就擒。當時，西羅

之戰中格蘭特損失了 1.3 萬人。於是，好多指責都降臨到他頭上，群眾狂怒的浪潮瀰漫，民眾都要求把他罷免。

但是林肯卻說：「我不能沒有這個人，因為他善戰。」

第二年的 1 月間，格蘭特受命要遠征維克斯堡。這是一所天然的要塞，高居密西西比河面上 200 公尺處的絕壁上。要攻打它是相當費時而且困難重重的。那地方防衛之森嚴，就連河上的砲艦都不能用它們的炮口去射擊它。而格蘭特的困難就在於如何接近它並加以摧毀。

多方思考後，格蘭特決定要截斷河上的堤防，讓他的軍隊坐上小船，度過沼澤地帶並由北面開始進攻。但是失敗了。

那時正是嚴冬，雨水幾乎使河水漲滿了整個河谷，而格蘭特的軍隊則在好幾里遠的沼澤地帶中和蔓延的野藤中掙扎。士兵們陷在泥沼中，泥沼高到他們的腰部，他們在泥沼中吃飯，他們又在泥沼中睡覺。瘧疾流行，又有麻疹和天花橫行。衛生設施是幾乎等於零，死亡率高得駭人。

結果，維克斯堡之戰又是一場敗戰。

連格蘭特自己的將領們都認為，他的計畫是荒謬的，並深信那些必然慘敗無疑。全國的報紙都大肆諷刺，而國人都要求格蘭特辭職。

但是，不顧管人們的反對，林肯還是支持格蘭特。林肯

的信心終於會得到回報。

1863 年 7 月 4 日，格蘭特騎著一匹從傑佛遜・戴維斯農莊上取來的馬，衝進維克斯堡，打了一次大勝仗，遠勝過華盛頓以來任何一個美國將軍的功勞。他居然在維克斯堡俘虜了四萬人，將整個密西西比河歸入北軍手裡，把南方聯盟截為兩半。

林肯深信，有了格蘭特的指揮，一切將順利成功。

發表最偉大的演講

1863 年 7 月 1 日至 3 日，在蓋茲堡之役戰場上，南北雙方留下超過七千具戰士遺骸、數以千具戰馬屍骨。

屍體腐爛的惡臭在戰事結束後一週內，使許多小鎮居民劇烈作嘔。莊嚴有序地埋葬死者成為當地數千居民的首要之務。終於，賓夕法尼亞州購下十七英畝的土地作為墓園之用，為這些葬送於沙場的英靈善後。

威爾斯最初計劃於 1863 年 9 月 23 日星期三題獻這座墓園。威爾斯及治喪委員會幾乎是事後才想起邀請林肯參與揭幕式，並將林肯的演說順序排在國務卿愛德華・艾瑞特（Edward Everett）後的第二位。

林肯搭乘火車於 11 月 18 日到達蓋茲堡，當夜做客於威

爾斯位於蓋茲堡市鎮廣場的住宅中。此前在華盛頓的兩星期內，林肯在穿衣、刮臉、吃點心時也想著怎樣演說。演說稿改了兩三次，他仍不滿意。到了葬禮的前一天晚上，還在做最後的修改，然後半夜找到他的同僚高聲朗讀。走進會場時，他騎在馬上仍把頭低到胸前默想著演說辭。

19 日 9 時 30 分，林肯騎著一匹棗栗色馬，加入排成長列的隊伍中出場。據估計，約有兩萬人參與儀式，入席者包括當時二十四個聯邦州中的六位州長。

那位艾瑞特講演了兩個多小時，將近結束時，林肯不安地掏出舊式眼鏡，又一次看他的講稿。他的演說開始了，一位記者放置三角架準備拍攝照片。這段的演說時間只有幾分鐘，在今天譯成中文，也不過五百多字，而演說時贏得的掌聲卻持續了十分鐘。

林肯在演講中說：

八十七年以前，我們的祖先在這塊大陸上創立了一個孕育於自由的新國家，他們主張人人生而平等，並為此而獻身。

現在我們正進行一場偉大的內戰，這是一場檢驗這一國家或者任何一個像我們這樣孕育於自由並信守其主張的國家是否能長久存在的戰爭。我們聚集在這場戰爭中的一個偉大戰場上，將這個戰場上的一塊土地奉獻給那些在此地為了這

個國家的生存而犧牲自己生命的人，作為他們的最終安息之所。我們這樣做是完全適當和正確的。

可是，從更廣的意義上說，我們並不能奉獻這塊土地，我們不能使之神聖，我們也不能使之光榮。為那些在此地奮戰過的勇士們，不論是還活著的或是已死去的，已經使這塊土地神聖了，遠非我們微薄的力量所能予以增減的。

世人將不太會注意，更不會長久記住我們在這裡所說的話，然而，他們將永遠不會忘記這些勇士們在這裡所做的事。相反的，我們活著的人，應該獻身於勇士們未竟的工作，那些曾在此戰鬥過的人們已經把這項工作英勇地向前推進了。

我們應該獻身於留在我們面前的偉大任務，由於他們的光榮犧牲，我們會更加獻身於他們為之奉獻一切的事業，要下定決心使那些死去的人不致白白犧牲，我們要使這個國家在上帝的庇佑下，獲得自由的新生，我們要使這個民有、民治、民享的政府不致從世界上消失。

後人給這份演說辭以極高度評價。林肯的蓋茲堡演說是美國文學中最漂亮、最富有詩意的文章之一。通篇演講雖然這是一篇慶祝軍事勝利的演說，但它沒有絲毫的好戰之氣；相反的，這是一篇感人肺腑的頌辭，讚美那些做出最後犧牲的人以及他們為之獻身的理想。

在這篇演講中，林肯提出了深入人心的「民有、民治、民享」的口號，成為後人推崇民主政治的綱領。

林肯的這篇演講被認為是美國歷史上最偉大的演說之一，是英語演講中的最高典範。

這篇演說思想深刻、行文嚴謹、語言洗練，語義的承轉，結構的安排，甚至包括句式的使用，無一不是極盡推敲之作。演講的手稿被藏於美國國會圖書館，演說詞被鑄成金文，長存於牛津大學。

連任第十七屆總統

1864 年，在總統連任快要到來之際，林肯清醒地意識到一件重要的事情正在展開。

他知道蔡斯正迫不及待地謀求競選總統，對於蔡斯意欲獲總統候選人提名以及他所耍弄的種種把戲甚至對總統的中傷，他「盡可能地一概閉起眼睛」。

他知道身為財政部長，蔡斯是稱職的。特別是受做總統的欲望所驅使，蔡斯就會更加賣力，這樣他的財政部也會加速運轉。

林肯也正希望蔡斯能努力工作，廣進財源，他知道沒有錢便打不了仗，經濟是決定戰爭勝負的重要條件。因此，林

肯決定暫時不理會他。

不過蔡斯卻很快嘗到了欲望所帶來的後果，只好遞交辭呈。有人在國會的一次發言中，指責財政部內充斥著腐敗現象和政治上的偏心。林肯理智地處理了蔡斯的辭職請求，不過，他並沒有馬上回覆蔡斯，而是有意冷落了一週時間，到二月底才「抽出空」來，而「經過考慮」，林肯回答道：「我發現現在確實沒什麼好說的。」

蔡斯體會到了林肯力量的強大，最後只得謀求妥協。林肯亦樂得順水推舟：「像你對我保證的那樣，我也向你保證，我也絕不鼓勵和支持對你的任何攻擊。」

最後，對於蔡斯是否繼續任財政部長，林肯以「沒有更改的必要」肯定而冷淡地作了回答。

這就是林肯！只要對國家有利，他自己的感受就顯得不那麼重要了。在這個困難的時期，保持政府的團結，至少是一種團結的象徵，這是尤其重要的。林肯內閣的組成充分表現出了政治的包容性。但在另一方面，林肯也表現出在用人問題上的堅決和果斷。林肯這樣做，是展現了「此人與其放在外邊不如圈在裡邊」的精明。在南北戰爭期間複雜的狀況下，林肯既不願意魚死網破的蔡斯跑到內閣以外全力以赴地搞起反對白宮的活動來，也不想給外界留下共和黨分裂的印象。更何況，蔡斯也確實很有能力，很出色地完成了為前線

提供財政支持的任務。所謂天下無廢人，然後無廢事。在林肯這裡得到了很好的註解。

　　蔡斯競選的希望黯淡了，而擁護他的激進派卻不肯放棄搞垮林肯的努力。對於林肯，激進派極不滿意其寬容的重建計畫，特別是關於路易斯安那、阿肯色等州的重建工作是在未經國會批准的情況下進行的，更引起他們的怒火。儘管激進派的活動並不成功，但林肯的前途也不容樂觀。

　　戰場形勢對林肯的競選也很不利。6月3日，科爾德港戰鬥打響，而失去了時機的格蘭特為此付出了慘重的代價。在格蘭特所發動的進攻中，這是他最為懊悔的一次。戰鬥剛開始一個小時，他手下的7,000名戰士就倒在了戰場上，而其中多數是在前幾分鐘倒下的。

　　巨大的傷亡使前不久對格蘭特的歡呼為咒罵所取代，他被罵為「屠夫」，這也給林肯帶來了巨大的麻煩，還有幾天就將召開巴爾的摩代表大會，而格蘭特是林肯試用的「堵漏塞」。儘管如此，林肯仍然深得民心，格蘭特仍在里奇蒙（Richmond）周圍活動，而李將軍卻被迫退守。

　　格蘭特的失利從另一方面來說對林肯競選是有利的，因為格蘭特如果一路暢通拿下里奇蒙，那麼他就會成為民主黨必然的總統候選人，並終將贏得最後的選舉。

　　不過，林肯對於格蘭特當總統似乎並不怎麼在意，因為

林肯所希望的就是鎮壓叛亂，攻克里奇蒙，而且格蘭特亦贊同解放黑人和使用黑人士兵。

從內心來講，林肯是希望連任的，因此他不放棄努力。然而，7 月 18 日，林肯發布了五十天內徵募五十萬志願兵的公告，這令人們對他很不滿。

林肯的徵兵令是據國會 7 月 4 日通過的徵兵法進行的。該法令授權總統可以隨時為軍事工作而自行徵召任何數量的役期一至三年的志願兵。

格蘭特因再戰成上損失慘重，這時正是最需要人的時候。但同時因軍隊無所建樹，又是人們對軍隊意見最大的時候，林肯的徵兵令引發了北部強烈的不滿情緒，而這種情緒正好又出現在和談未果的時候。

這時，格蘭特又失去了一次攻占彼得斯堡的良機。

給林肯雪上加霜的是韋德和戴維斯，他們因總統擱置其法案而導致的滿腔怒火，終於在 8 月 5 日的《紐約論壇報》上發洩了出來，譴責總統蓄意踐踏人民立法權。

林肯的不順到此並未結束。8 月 9 日，當他就和談問題要求反對派格里利公開與自己的往來信件時，吃了一次暗虧。

11 月 8 日，天氣陰沉，下起了雨。19 時整，林肯與祕書海來到陸軍部，坐聽選舉結果。因受風暴影響，電報線路不

能正常工作。林肯便在那裡演講，同時告訴了在那裡的幾個聽眾他第一次選舉後所做的夢。

這天午夜，儘管有幾個州結果還沒來，但已可以基本肯定，林肯的當選是無疑了。

11 月 10 日晚，人們前來白宮向林肯祝賀。當林肯走出白宮的時候，草坪上一片歡呼。

1865 年 3 月 4 日中午時分，在國會大廈前舉行了林肯總統第二次就職典禮。人海中爆發出經久不息的雷鳴般的歡呼聲，總統同應邀出席的各界知名人士一道登上了講臺。

林肯走到前列，宣讀第二次總統就職演說。全場頓時鴉雀無聲，人人凝神傾聽在這一莊嚴時刻所發表的具有歷史意義的演說。林肯在演說中說：

同胞們：

在這第二次宣誓就任總統時，我不必像第一次那樣發表長篇演說。對於將要執行的方針稍作詳盡的說明似乎是恰當而適宜的。現在，四年任期已滿，對於這場仍然吸引著全國關注並占用了全國力量的競爭的每一重要關頭和方面，這四年間已不斷地發布公告，因此我沒有什麼新情況可以奉告。我們軍隊的進展是其他一切的主要依靠，大眾和我一樣都清楚地了解軍隊的情況，我深信，大家對之都是感到滿意和鼓舞的。我們對未來抱有極大的希望，但卻不敢做出任何

預測。

……

我們的軍事進展，是一切其他問題的關鍵所在，大家對其情形和我一樣明了，而且我相信進展的情況可以使我們全體人民有理由感到滿意和鼓舞。既然將來很有希望，那麼我也無須在這方面做什麼預言了。

假使上帝要讓戰爭再繼續下去，直到 250 年來奴隸無償勞動所積聚的財富化為烏有，並像三千年前人們所說的那樣，直至被鞭笞所流的每一滴血為刀劍下流的每一滴血所償付為止，那麼，我也只好說：「主的裁判是完全正確而公道的。」

我們對任何人都不懷惡意，我們對任何人都抱好感。上帝讓我們看到哪一邊是正確的，我們就堅信那正確的一邊。讓我們繼續奮鬥，以完成我們正在進行的工作，去治療國家的創傷，去照顧艱苦作戰的戰士和他們的遺孀遺孤，盡一切努力實現並維護我們自己之間，以及我國與他國之間的公正和持久的和平。

當林肯念到最後一段時，許多人眼裡已噙滿淚水。

林肯把他的右手放在攤開的《聖經》上，跟著首席法官蔡斯複誦就職誓詞。

親臨前線慰問官兵

　　林肯政府出於對軍事力量的關注，決定三年內徵兵 50
萬，1864 年 3 月 1 日起正式執行。另外，戰成形勢向好的方
向發展。由於格蘭特的連續勝利，林肯決定用這個「塞子」來
堵住聯邦這條破船之漏。

　　1864 年 2 月 22 日，眾議院通過恢復中將軍銜議案，並
授權總統擇人而授。中將軍銜在美國內戰前只有兩個人得
過，一人是華盛頓，另一人是斯科特，而後者晉升到這一級
是屬於名譽性質。林肯簽署了眾議院的這項議案，並毫不猶
豫地任命了格蘭特，參議院批准了該任命。

　　格蘭特在林肯的要求下於 3 月 8 日晚來到華盛頓，這兩
個人在以前從未見過面。而對於這第一次見面，格蘭特卻並
不怎樣感到高興，因為他來得不巧，剛好遇上總統每週一次
例行接見的日子。

　　白宮會客廳擠滿了人，格蘭特則不喜歡這種熱鬧場面，
他甚至覺得他所經歷的戰爭也沒有哪一次能與這種熱鬧
相比。

　　當他進入客廳，林肯激動地握住他的手的時候，他似乎
有些不習慣，他看起來無精打采。特別是當人們爭相前來和
他握手的時候，他完全不知該怎樣應付，被動地伸出手與人

們一一相握，臉則羞得通紅，並因緊張而流汗。

人群散盡後，林肯和格蘭特才在一個小房間裡坐了下來，主要由林肯談些關於次日的活動安排，主要是授予格蘭特新的軍職委任狀。

根據事先的安排，格蘭特要致答謝詞。格蘭特把要講的話匆匆用鉛筆記在一張隨手而得的便條紙上，總共只有三句，字跡卻潦草難辨。當他從衣服口袋裡掏出那張已弄得皺巴巴的紙條上前講話時，緊張得不住顫抖。

於是，他深深地吸了一口氣，雙手捏緊紙條，然後讀道：「總統先生，我懷著感激的心情接受這項有著崇高榮譽的任命。有這麼一支卓越的軍隊為我們的祖國而戰，我將竭盡所能不使您感到失望。我深切地感到現在託付給我的責任的重大，同時也知道如果我完成了這些任務，那將歸功於那些軍隊，尤其要感謝指引各民族及每個人的上帝的恩惠。」

格蘭特於 3 月 12 日被任命為聯邦軍總司令。不習慣應酬的格蘭特決定當晚即回西線，而這時總統夫人卻已安排了晚宴，一場戲即將開場而主角卻不能發表，故而林肯前往勸格蘭特留下。

格蘭特的回答則使林肯深為感動：「我吃一頓晚餐，說起來就等於使國家一天損失了 100 萬美元。」當然，令格蘭特不願留下的原因還有他差不多已受夠了那些排場。

　　格蘭特此後時常返回華盛頓，並最終在總統的影響下制定了作戰計畫。總統像他一貫堅持的那樣，希望格蘭特把重點放在消滅叛軍實力上。

　　3月底，忙於調兵遣將的格蘭特將他司令部設到庫爾佩珀縣城。林肯欣喜地看到軍隊在格蘭特調動下不再如一盤散沙，而且他們鬥志昂揚，整裝待發。

　　總統躊躇滿志，看著即將全線出擊的隊伍說：「那些沒有參加剝敵人皮的也可以幫著抓住一條腿。」4月底，格蘭特將軍離開華盛頓，去實施其春季作戰計畫。

　　林肯對自己所了解到的關於格蘭特目前所做的一切表示完全滿意。

　　但當林肯寫信向格蘭特告別的時候，他還是有些擔心部隊的傷亡與被俘問題，因此他提醒格蘭特：「如果你需要什麼東西是在我的職權範圍內力所能及的，請務必告訴我。」

　　格蘭特對總統也極為滿意，他告知總統：「直到今天，從未有過一件事使我抱怨。我隨便要什麼東西總是立刻答應，甚至不需要做任何說明，這一直使我驚訝不已。我的成功如果小於我的期望，那我至少可以說，這並不是你的過錯。」

　　1864年初，林肯在首都舉行了一次閱兵典禮。在檢閱的那一天，參檢部隊雄糾糾、氣昂昂地通過威拉德旅館的檢閱陽臺，接受林肯總統的檢閱。

　　這天，天空突然下起雨來，官兵通通淋溼了。總統侍從催促他進屋去避一下雨，林肯執意不從，還說：「既然士兵們受得了，我想我也受得了的。」黑人參檢團隊通過檢閱臺時，對陸海軍最高統帥、合眾國總統和簽署《解放黑奴宣言》的大救星發出了一陣陣雷鳴般的歡呼致敬聲，有的把帽子拋向空中，與在空中飽受戰火洗禮的軍旗相映成趣，顯示出一幅多彩的畫面。

　　帶著總統的信任，格蘭特就這樣領著他的人馬尋找他的敵手去了。5月4日午夜，格蘭特率領12萬大軍度過拉皮丹河，進駐斯波特西爾法尼亞的維爾尼斯，開始執行他那強攻羅伯特・李軍的戰役決策。

　　從5月4日至6日，林肯都焦急地守在電報室裡等候前方發來電報，他這兩天一直沒有得到格蘭特的一丁點消息。

　　7日凌晨2時，林肯接見了一個從三十英里外用專車接來的前方記者亨利・溫，向他了解格蘭特的行蹤。溫告訴林肯說，格蘭特將軍已下令對敵軍發動一次拂曉攻勢，臨行前格蘭特對自己說道：「假如你能見到總統，請他單獨接見你，告訴他，格蘭特將軍絕不回頭。」

　　其實，這時的格蘭特正坐鎮前線，他的部隊經過48小時鏖戰，已損失1.4萬人。救護車川流不息地向北急駛，道路為之阻塞。格蘭特還是一個衝勁地下令部隊向前衝鋒，使羅

伯特‧李軍的傷亡人數也遠遠超過了其所能忍受的限度。

　　6 日午夜之後，格蘭特決定揮師向里奇蒙挺進，從左方直插斯波特西爾法尼亞 —— 科特豪斯。不料冤家路窄，李軍正好也布防在斯波特西爾法尼亞，又一次阻擋著格蘭特的進路。兩軍對陣，又展開了一場激戰，戰鬥一直打到 5 月 13 日黎明。

　　十天時間，北軍波多馬克軍團在連續行軍和戰鬥中，傷亡人數達兩萬多人，失蹤四千多人。同盟軍方面傷亡的人數不詳，但根據戰俘透露的情況來看，李軍兵力已大大削減，且無法補充。

　　格蘭特再次從左翼向科爾德哈伯推進，里奇蒙城內的教堂塔尖幾乎一覽無餘。眼看敵軍首都已經在望，他下令發起正面強攻，不到半小時就損失了 3,000 士兵。6 月 3 日晚，聯邦軍傷亡已達 7,000 人，同盟軍卻僅損失了 1,400 人。兩軍的損耗不成比例。對於這次輕率強攻科爾德哈伯，格蘭特後來「一直感到後悔」。

　　自從他度過拉皮丹河迫使李軍接戰以來，已經過了三十多天。同盟軍的北維吉尼亞軍團從來沒有被聯邦軍的波多馬克軍團打得這樣狼狽不堪，從一個據點退縮到另一個據點，天天被迫打消耗戰，眼看格蘭特步步進逼，即便遭受二比一或三比一的傷亡數字也在所不惜。

　　正當羅伯特・李擺好架勢，準備進一步迎擊格蘭特的窮追猛打時，聯邦軍卻在一夜之間悄悄地轉移，科爾德哈伯那長長的戰壕裡已空無一人。原來格蘭特部經過長途行軍，度過了寬闊的詹姆斯河，到達了距里奇蒙約 37 公里的交通樞紐站彼得斯堡。聯邦軍在這裡又猛攻了四天，付出了一萬人的傷亡代價，同盟軍僅損失了 5,000 人。

　　6 月 19 日，格蘭特下令停止進攻，決心讓部隊休整一下，並隨即電告華盛頓。這是因為，從維爾尼斯到科爾德哈伯，聯邦軍已損失了 5.4 萬人，約合羅伯特・李的全部兵力。好在後方源源不斷地補充兵員，致使格蘭特部隊又逐漸恢復到五月初夜渡拉皮丹河時的兵力。

　　1864 年 6 月 15 日，林肯致電格蘭特將軍表示嘉勉：「剛才得知你昨天 13 時來電。我開始明白了，你定會馬到成功。上帝保佑你部全體官兵。」這封慰問電表達了陸海軍最高統帥對格蘭特偉大策略部署的深深讚許。謝爾曼與格蘭特兩支主力部隊一旦突破同盟軍防線勝利會師，那就意味著內戰的結束。林肯總統對此「開始明白了」。

　　為保證前方源源不斷的兵員供給，林肯在後方卓有成效地工作著。1864 年 6 月 20 日，總統帶著幼子塔德乘輪船順波多馬克河而下，再轉入詹姆斯河。6 月 21 日，林肯離船登岸，在格蘭特的司令部談了片刻，便去看望巴特勒和米德兩

位司令。

在第十八軍營地，黑人士兵潮水般地湧上前來，把林肯團團圍住，歡呼聲、笑聲、歌聲此起彼伏，響徹雲霄。他們簇擁著林肯，吻他的手，撫摸著他的坐騎。陸海軍統帥和眾多士兵都熱淚盈眶，哽咽著說不出話。

對戰敗者人性關照

1864 年的夏天，林肯變得判若兩人，和三年前比起來，他的笑聲變少了，臉上的皺紋加深了，雙肩垂了下來，雙頰凹陷下去。但是很快的，可怕的夏天結束了，秋天則帶來了好消息。

謝爾曼奪取了亞特蘭大而正進軍通過喬治亞；法拉格特海軍上將，經過一場戲劇性的海戰以後，便占領了木比耳灣並加強了墨西哥灣的封鎖；謝利敦在施南多亞谷打了幾場精彩的勝仗；李將軍如今不敢再貿然出兵了；格蘭特對彼得斯堡和里乞蒙層層包圍，南方聯盟快要垮臺了。

林肯的將領們如今開始占上風，他的政策被證明是可行的，這時北方的士兵豪氣干雲。戰爭已經四年了，林肯心中對於南方的人民仍毫無仇恨。他總是時時刻刻地說：「現在他們的處境也許正是如跟我們在他們那樣的情形時一般。」

1865 年 2 月，謝爾曼揮戈北上，3 月 21 日在北卡羅萊納州與格蘭特軍隊會師，實現了南北鐵騎合圍。

同年 4 月 3 日，格蘭特揮師直搗里奇蒙，4 月 9 日，格蘭特在阿波馬托克斯接受叛軍總司令羅伯特·李的投降。

同年 4 月 18 日，謝爾曼又在北卡羅萊納州接受叛軍田納西軍團司令約翰斯頓的投降。

至此，一場南方同盟和北方聯邦的內戰，終以林肯為首的北方聯邦政府獲勝而告終。南方同盟政府首腦傑佛遜·戴維斯，那個誓言「定能獲得獨立」的人，於 1865 年 4 月 3 日倉皇逃離里奇蒙，5 月 10 日在喬治亞州伊爾文維爾被捕入獄。

這就是戰爭的結局，當然，勝利是得之不易的。

11 月 16 日，謝爾曼率領著部隊浩浩蕩蕩地殺進薩凡納市。這支 5.5 萬人的大軍分成四路縱隊前進，橫掃 20 至 40 多英里寬的地帶，對這個南方糧倉的喬治亞州進行有計畫的掃蕩。糧食帶不走的，通通予以燒毀。沿途還破壞了 265 英里長的鐵路線，繳獲了各農場和種植場的糧食和馬草。在謝爾曼看來，這是南方自作自受，「還應該受到更多的懲罰」。

謝爾曼在進軍途中的一切補給，全由各旅部隊收繳五六英里以內的奴隸主財物來維持，並美其名曰「自給自足」。兵員的缺額也由一路上踴躍參軍的身強力壯的青年黑人來補

充。據估計，謝爾曼先後吸收了 2.5 萬名黑人壯丁加入部隊。

1865 年 1 月 15 日，位於北卡羅萊納州東南端的費希爾堡壘，在遭受三天的猛烈炮擊後，終於在夜間被聯邦軍攻陷。這樣一來，同盟方面最後一個對外開放的港口維爾明頓完全被封殺，補給品運不進來，市裡的棉花也運不出去，南方同盟因此遭到了進一步打擊。

謝爾曼大軍浩浩蕩蕩地殺向北方。他以騎兵為前鋒，分成兩路縱隊挺進。他們提出的口號是「反叛從這裡開始，也將在這裡結束」。

這是因為南卡羅萊納州是帶頭脫離聯邦的一個州，所以聯邦軍官兵便把滿腔憤怒都向由韋德・漢普頓將軍指揮的十五萬名同盟軍發洩，攻勢凌厲，銳不可當。

謝爾曼過去在喬治亞州攻奪亞特蘭大等地時，總愛約束部屬濫用暴力。但這次他卻沒有重申這一命令，用他自己後來的話說便是：「我當時的目的是要嚴懲叛軍，壓倒他們的囂張氣焰，窮追猛打，揍得他們走投無路，聞風喪膽。」

為了防止羅伯特・李抽出兵力阻截北上的謝爾曼，格蘭特及時採取北南呼應策略，於 2 月 5 日至 7 日展開了一系列攻勢，狠狠打擊了羅伯特・李，使他無暇南顧。

謝爾曼揮師北進，到達北卡羅萊納州的費耶特維爾，行將直搗戈爾茲博羅。這樣，從喬治亞州薩凡納市出發以來，

謝爾曼部已完成 425 英里的行軍歷程。正如林肯在白宮總結格蘭特和謝爾曼兩人的主要策略時所指出的：「格蘭特揪住了老熊的後腿，謝爾曼則在一塊塊地撕剝熊皮。」

1865 年 4 月 1 日，戰鬥在維吉尼亞州彼得斯堡西南約十八公里處的五岔口打響。謝里登將軍在第五軍軍長格·克·沃倫部的配合下，大敗皮克特指揮的同盟軍。這個勝利使隨後發起總攻的格蘭特得以在 4 月 3 日突破羅伯特·李軍在彼得斯堡的防線，為同日占領里奇蒙奠定了基礎。

五岔口一仗的結果是，謝里登率領的部隊和第五軍俘獲了同盟軍的三個步兵旅，抓到了數千名俘虜。聯邦軍在迫使羅伯特·李軍撤出彼得斯堡及其他據點之後，以較小的傷亡代價切斷了李軍與里奇蒙之間的連繫。

4 月 2 日夜間，李軍重整殘部，準備破網西竄。傑佛遜·戴維斯在羅伯特·李的一再電催下，已於 4 月 2 日夜裡逃離里奇蒙，次日下午即安抵維吉尼亞州南部的丹維爾。在逃離首都的同時，戴維斯下令炸毀橋梁，焚燒軍火庫和倉庫。一時間，到處烈焰沖天，濃煙滾滾。

4 月 3 日上午，戈弗雷·韋策爾將軍在市政廳接受了里奇蒙叛軍的投降。下午，他的部隊平息了搶糧騷亂。韋策爾將軍致電陸軍部說：「我軍於今天上午八點一刻占領了里奇蒙。」

　　消息很快在華盛頓和北方傳播開，人們的情緒更加激昂。幾千名載歌載舞的群眾聚集到陸軍部的大樓外面，陸軍部長斯坦東代表林肯政府講了話，感謝全能的上帝對合眾國的偉大拯救。從國會到白宮和政府辦公大樓，整條賓夕法尼亞大道上旌旗招展，一派節日盛況。八百響禮炮炮聲隆隆，響徹雲霄。人們在大街上高歌前進，相互擁抱，飲酒助興。

　　羅伯特・李在西竄途中，與追擊他的格蘭特部經常進行短暫交鋒，李軍傷亡慘重。加上從3月底至4月初的近十天戰鬥中又被俘1.9萬人，因而戰鬥力大減。當李軍殘部西竄至阿米利亞考特豪斯時，停留了一天以籌措糧草，卻一無所獲，李軍士兵被迫靠極少量的炒玉米來勉強支撐著。

　　在塞勒斯河，數量眾多的聯邦軍追上了李軍，迫使後者倉促應戰。戰鬥結果是李軍又損失了近半數兵力。這時，李軍中不但糧食匱乏，砲彈也所剩無幾，情況岌岌可危。

　　4月8日晚，波多馬克軍團進逼李軍的後部，緊緊咬住不放。聯邦第五軍軍長查爾斯・格里芬和另一軍軍長愛德華・奧德的兩支強大步兵部隊，於4月8日晝夜兼程，於4月9日黎明時分趕到阿波馬托克斯村，援助謝里登的騎兵部隊，準備一舉全殲羅伯特・李軍。在西竄李軍的左翼，還部署了聯邦軍的其他部隊。

　　在腹背受敵、四面楚歌的困境中，羅伯特・李在進行幾

次信函試探之後，終於再次致函請求投降。這與格蘭特「在不再死一個人的情況下解決種種難題」的願望不謀而合。格蘭特將軍當即覆函，並把會晤地點通知了羅伯特‧李。

1864 年 4 月 9 日，在維吉尼亞阿波馬托克斯村，舉行了兩軍總司令的歷史性會晤。

當天下午，兩位將軍在一間簡陋的小會客室裡相會，並討論相關事宜。格蘭特一如往常地不修邊幅，他沒有帶刀，且他穿的制服和軍中每一個大兵所穿的一樣，只是他在肩上掛著三顆銀星表示他的身分。

貴族化的李將軍戴的手套鑲著珠子，佩劍上又嵌著珠寶，看上去好像是剛從銅版雕刻畫當中走出來的某個威嚴的戰勝者一般，然格蘭特看起來簡直像是密蘇里州的一個農夫剛到城裡賣一批豬和一些皮革似的。唯有這一次，格蘭特自慚形穢，他為了沒有穿戴整齊前來赴會而向李將軍禮貌地道歉。

格蘭特提起鋼筆和墨水，潦草地寫下投降條件。這四年的血戰以來，北方的激烈分子一直要求著李將軍和從西點軍校出身而背叛的其他軍官們，都要因叛變的罪名處以絞刑。但是格蘭特寫出的條件卻沒有刺傷人的地方。

李將軍的軍官們被獲准保留他們的軍械，而士兵們則釋放回家。每個要求馬匹或騾馬的士兵都可獲得，可騎回到自

己的農莊或棉花田去，再度耕耘家園。

　　為什麼投降的條件如此寬大和平呢？因為這些是林肯親筆列述的投降條文。

　　於是，這一次已經殺害了六十多萬人的戰爭，終於在一個維吉尼亞的小村落中的阿波麥托法院中正式結束了。當天下午，林肯搭乘著「河上女皇」號船返回華盛頓。他花上幾個小時向他的朋友們大聲朗讀著莎士比亞的作品。

　　當舉國若狂之際，林肯卻並不高興，或者說是輕鬆不起來。他所要面對的任務還很繁重，因為關於重建問題已經因路易斯安那州而起了爭議。1865 年 4 月 11 日晚，他就此問題作了演講。

　　林肯說，重建工作困難重重，「你無法找到一個全權機構作為打交道的對象。任何人也無權代表其他人放棄叛亂。我們只能完全從一些無組織的意見不一的分子開始，慢慢從中理出一個眉目來。」

　　林肯指出，路易斯安那曾根據一項計畫試行成立了州政府，那麼，「要恢復路易斯安那州與聯邦之間的正式的實際關係，到底是支持新政府能快一些呢，還是擯棄新政府能更快一些？」林肯接著談及該州已取得的成就和擯棄所導致的後果。然後說：「假使說路易斯安那州的新政府和應該建立的那種政府的關係不過像雞蛋和小雞的關係，那麼我們要很快得

到小雞，就只能讓雞蛋孵化，而不能把雞蛋打碎。」

林肯煞費苦心地為路易斯安那州政府的被接納而尋找各種理由。他希望人民對叛亂各州寬大為懷，同時自己也在努力讓激進派靠近一些，他提及路易斯安那州沒有給黑人以選舉權使一些人感到不滿，但「我個人倒贊成現在就能夠使那些最聰明的，那些為了我們的事業而當兵的黑人享有那種權利」。

林肯深知北部多數白人不會贊成給黑人以選舉權，但如果同意給部分黑人這種權利，那無異於已將腳套進鞋裡，要穿上就只是時間問題了。林肯還說到在目前形勢下他也許會考慮發布一個新的宣言。但他「也許」正在考慮，卻是永遠「發布」不了了，因為 4 月 14 日星期五，因在復活節前，故稱耶穌殉難日，這一天，林肯的頭部挨了致命一槍。

忍讓專橫的夫人

現在，讓我們隨時光的步伐一起回到過去，因為這裡要告訴大家一件非常奇特的事情。這件事情就發生在攻陷里奇蒙的前不久，它從一個側面反映出林肯近三十年的家庭生活，其悲劇色彩尤為濃厚，他獨自忍受著這不幸婚姻的一切。

　　這件事發生在格蘭特的作戰總指揮部附近。他想請林肯夫婦到前線來和他一起度過一個星期。

　　林肯很爽快地答應了，因為他也想放鬆一下正感疲憊的身心。自從進入白宮以後，他還不曾度假休息過。在他連任之初，一撥又一撥的求職者前呼後擁地來騷擾他，他更是避之唯恐不及。

　　於是，林肯夫婦登上了「河上女皇號」，沿著波多馬克河順流而下，通過切薩皮克灣的下游，轉入老波恩特港，駛向傑姆斯大河，直抵波恩特市。

　　水面上方是兩百英尺高的懸崖峭壁，那位噶林納小鎮的前皮貨採購員早已站在上面一邊抽菸，一邊砍木頭。

　　幾天之後，在這裡舉行了總統宴會，參加者都是些華盛頓的上層名人，這是無庸置疑的，法國部長傑奧弗洛伊應邀出席了。所有賓客都想去看看十二里地以外的波多馬克前線陣地，當然是越快越好。

　　於是，第二天大家就出發了。男人們騎著高頭大馬走在前面，而林肯夫人和格蘭特夫人則坐在一輛半敞篷的馬車裡緊緊地跟在後面。

　　艾德姆‧巴狄烏將軍、格蘭特的作戰參謀及其眾多朋友和武官侍從等一行人不離左右地陪同著幾位夫人參觀。巴狄烏就坐在馬車的前排座位上，他面對著兩位女士；背對著拉

車的馬。因此，車子裡發生的事情他看得再清楚不過了。下面就從巴狄烏所寫的《和平時期的格蘭特》一書中摘選幾段吧：

在交談的過程中，我無意中提及大戰即將來臨，按指揮部的指示，在前線的軍官眷屬必須一律留在部隊的後方。接著，我又提到只有一位夫人是個特例，那是因為查爾斯·格瑞芬將軍的太太得到了總統的特別許可。

總統夫人聽到這裡，便用手支著上身，大聲說道：「您講這些話是何用意呢？您的意思是說那個女人可以單獨和總統見面，不是這樣嗎？可是我從來不允許總統與任何女人單獨在一起，難道你不知道嗎？」

如此看來，夫人對向來不修邊幅的林肯心懷猜忌。我發現情況不妙，便極力用緩和委婉的語氣來寬慰對方。可是，她已經是怒不可遏了。

「您沒有必要強顏歡笑，我知道您現在心臟跳得很快，先生。」她的聲調呈上升趨勢，「我現在就下車去問個究竟！」

格瑞芬夫人是繼埃斯特哈齊伯爵夫人之後又一位品貌出眾的華盛頓上流社會的名媛佳麗，並且和格蘭特夫人的私交頗深。於是，格蘭特夫人就開始努力勸解情緒激動的總統夫人，但是她根本不聽。

林肯夫人再次發出讓車夫停車的命令，我略一猶豫，她

馬上就伸出雙臂去抓前面的車夫。最終，還是格蘭特夫人說服了她和大家一起在營地下車。

直到深夜，我們一行人才回到了營地。這時格蘭特夫人把我叫到一邊，小聲地和我議論此事。她說這件事棘手得很，我們誰都不能再提及這件令人懊惱的事。

從我這方面講，是肯定不會再提半個字的，而她頂多會告訴將軍先生。不過，到了第二天，我就不用再擔心什麼，因為後面發生的事情更是糟糕。

天亮之後，我們這一行人又早早地出發去參觀位於傑姆斯河北岸的駐軍，其統帥為奧德將軍。今天的活動安排和昨天幾乎沒什麼區別。

我們乘坐蒸汽船過河以後，男士們騎馬，林肯夫人和格蘭特夫人則坐在救護流動車裡。我還是做他們的陪護，可是，我又要求加派一名同事和我一起「執行任務」，因為有過昨日不愉快的經歷，我不想再一個人留在車裡。於是，霍瑞斯‧波特上校也被派過來坐進了車子裡。

身為部隊司令官的妻子，奧德夫人不必服從後撤的命令，她也陪同著丈夫前來了。眼看這一天的活動就要結束了，我估計她是想離開部隊轉而向華盛頓靠攏。由於車子裡已座無虛席，她便獨自上馬，趕到前面和總統並肩而行了一段路程。

當林肯夫人看到眼前這一情景時，心中的怒火頓時又燃燒了起來，她大聲嚷道：「那個女人到底想做什麼？竟敢跑到我前面去和總統並肩而行？她認為總統很高興她過去陪在身邊，是這樣嗎？」

她十分惱火，以至於言語衝動，其動作也很過分。這時，格蘭特夫人又極力加以勸解。但是，這次林肯夫人卻把矛頭轉向了她。而我和波特認真觀察著這一切，但一句話都不敢說。我倆害怕她敢從車裡跳出去，對著參觀團大喊大叫。誰敢保證她不會這樣做呢？

她在途中曾這樣問過格蘭特夫人：「你也想有朝一日走進白宮，不是嗎？」而格蘭特夫人依舊保持著鎮定和尊嚴，她只是說她對目前的地位十分滿足。這樣的回答她理應滿意了吧。

可是，林肯夫人又陰陽怪氣地說道：「哦，真的嗎！如果有機會，你最好去試試，那裡面可真是不錯。」

過了一會兒，當格蘭特夫人不惜冒著激怒對方的危險而極力保護她的朋友的時候，林肯夫人再度把矛頭指向了她，其矛之銳，可想而知。

我們在半路停下來正在休息時，國務卿的侄子、奧德的軍官西華德少校騎著馬跑過來，想開個玩笑：「總統的坐騎總喜歡和奧德夫人的馬湊到一起，真是一匹好色之馬。」

他的玩笑那肯定是火上澆油啊。

「你到底有何用意，先生？」她大喊起來。

西華德發現自己說了蠢話，趕緊掉轉馬頭，跑得不見了蹤影。最後，他們終於到達了目的地。奧德夫人也回到了車子旁邊。於是，林肯夫人就當著眾人的面故意使她難堪，質問她為何要和總統一路同行。

那可憐的女人立刻就哭了，邊哭邊問對方自己到底哪裡做錯了。而林肯夫人心中的怒火難以熄滅，直到罵累了她才住口。

格蘭特夫人一直在盡力維護她的朋友，而其餘人則是滿臉驚恐。一番吵鬧之後，我們回到了波恩特市內。

當晚，總統夫婦在船上設宴招待格蘭特夫婦及眾將官。在眾人面前，林肯夫人向總統大加詆毀奧德將軍，並要求撤銷他的職務。她只說奧德不能勝任卻並沒有提及其夫人的事情。坐在旁邊的格蘭特勇敢地維護著他的下屬。林肯當然也不會那樣去做。

在宴席上，林肯夫人因為格瑞芬太太和奧德夫人的事而耿耿於懷，於是，對她的丈夫便百般挖苦。我這個連私人朋友都算不上的人也看不過去了，更何況在眾人面前受到指責和辱罵的竟是我們日理萬機的國家總統。

身為國家總統，在顏面盡失、屈辱受盡的情況下還能保

持著克制力，即使是耶穌再世也不過如此吧。他那難以名狀的痛苦表情也同樣在刺痛著每一個旁觀者的心，但是，他依然保持著自己的鎮靜和尊嚴，保持著那份具有神奇力量的忍耐。

總統用懇求的目光和語氣請她的太太息事寧人。同時，他還在盡力地寬慰著在場的眾將官。而她卻像一頭母老虎似地對著他狂吼亂叫，最終，他選擇了離開。

總統用手捂住那張難看的臉，我們都無法看清也不敢想像他當時那無比痛楚的表情。

謝爾曼將軍曾親眼目睹了上述事實。許多年以後，他還向人們提及過此事。他在一篇文章中寫道：

海軍上尉伯納斯親眼目睹了這個場面，由於多嘴還受到了牽連。伯納斯那天曾騎馬跟隨著奧德夫人，而且後來他還說這樣辱罵奧德夫人是非常不公平的。林肯夫人得知後便記恨於心。

幾天之後，他去向總統匯報一些情況，而當時林肯夫人及幾名軍官也在場。總統夫人當即就對他說了幾句不堪入耳的話。

一旁的林肯依然沒有說什麼，但是沒過多久，他便把這位年輕的軍官拉進自己的屋子，讓他在這裡看地圖和報紙。

伯納斯告訴我，總統並沒有解釋什麼，也沒有說妻子的

不是。但他分明用細膩親密的肢體語言表達了對這名軍官的歉意和關懷。

　　沒過多久，斯坦東夫人也來到波恩特市參觀。我在不經意中向她問起林肯夫人的一些情況。

　　「我不想也不曾去拜訪林肯夫人。」她就是這樣回答的。

　　我以為自己的耳朵出了毛病，武裝部部長的夫人不去拜訪總統的夫人，這怎麼可能呢？於是，我又再次問了相同的問題。

　　「我說得還不夠清楚嗎，先生？」她又不厭其煩地說道，「我不進白宮，也不去拜訪林肯夫人。」我雖然和斯坦東夫人很少來往，但是她這超乎常理的回答卻令我吃驚而難以忘記。不過，後來仔細一想，也就明白了其中的緣由。

　　林肯夫人繼而又把矛頭轉向了格蘭特夫人，後者曾極力地解勸過她，而她現在竟倒打一耙。她曾經指責格蘭特夫人當著自己的面竟然先坐下了。「你怎麼敢坐在那裡？」她大聲叫著，「我還沒有請你坐下。」

　　伊麗莎白·凱克利是陪同林肯夫人一起來到格蘭特的指揮部的隨行人員。她說過大家把那次晚宴戲稱為「女總統的特別招待會」。

　　那天，一位衛生福利部門的年輕官員就坐在林肯夫人附近，他以極其輕鬆的口吻對她說道：「林肯夫人，那天當總

統先生帶著勝利者的微笑走進里奇蒙時的風采，他就像大明星一樣引起萬人矚目，女人揮動著手帕，紛紛用飛吻向他致意。他就像一名英雄那樣被女人們簇擁著、包圍著。

這位官員突然像感覺到了什麼，於是，趕緊安靜閉嘴。因為林肯夫人正怒視著他，不用說，對方的輕佻話語又惹惱了她。

我估計當時的情景會令這位激怒了林肯夫人的年輕軍官一生都不會忘記。

「從我出生到現在還從未見過像她那樣怪癖、神經大條的女人。」凱克利太太說道，「找遍全世界也沒有一個像她那樣的人。」

「在大街上隨便找個美國人問問：『林肯的妻子為人如何？』」

赫諾爾・維爾斯・莫若在他所著的《瑪麗・陶德・林肯》一書中寫道：

十個人裡會有九個人說她是一個潑婦，一個對丈夫十分粗野的瘋婆娘。

這就是對林肯夫人的最好總結。

林肯生命中的最大悲劇不是後來慘遭暗殺，而是他的婚姻啊！多少年來，林肯幾乎天天都在收穫「毫無默契的婚姻所帶來的苦痛」。

「日常生活裡的吵鬧和正規場合的顏面掃地，這所有的痛苦就像一個沉重的十字架。」巴狄烏將軍說道，「林肯總是默默地承受著一切家庭生活中的痛苦，並始終對自己說：『聖父，請饒恕吧：他們不知道自己為什麼這樣做。』」

林肯作了總統之後，和他過從甚密的好朋友依然是伊利諾伊州的議員奧維勒·勃朗寧先生。他倆是二十多年的知己。勃朗寧是白宮晚餐桌上的常客，並且還經常在那裡過夜。他曾經寫過詳細的日記。後來，這部手稿被公開拍賣了，人們從日記中可以得知有關林肯夫人的驚人評語。

白宮歷來有一個被認可了的傳統：總統在公開場合下可以選擇某位女士而不必是他的妻子與己同行。但是，習慣也好，傳統也罷，總之，林肯夫人是不會買帳的，她無法忍受有另外一個女人想超越自己，伴在總統的身邊！休想，門都沒有！

夫人有自己的一套做法，而她那套做法很被華盛頓社交界所不齒。她絕不允許總統和別的女人並肩而行，哪怕是和別的女人說話也會引起她的嫉妒和責罵。

每當舉行總統招待會時，林肯就會跑過去問那醋意極大的妻子，他可以回答哪個女子提出的問題。而她則說這個不行，那個她又不屑一顧。

「可是，太太，」林肯懇求道，「我必須要過去了。我總

不能一言不發而像個傻子似的站在這裡吧。如果你不告訴我該和誰說話，那就請告訴我不該和誰說話。」

夫人依然是我行我素，從來不會顧及別人的面子。有一次，她威脅總統，如果不把某個官員升遷，她就當眾讓他難堪。

還有一次，林肯正在辦公室裡會見客人，而她竟一頭衝了進來，接著便是破口大罵。

總統冷靜地站起身，端著她的手臂把她帶出了辦公室，讓她坐下來。然後，轉身回到辦公室繼續他的商談。其實，對總統來講，這簡直就是家常便飯。

夫人還請過一個巫師，對方告訴她內閣裡所有的成員都是林肯的敵人。對此，她並不感到吃驚，因為那些人都是她不喜歡的。

夫人恨透了西華德，罵他是「偽君子、奸佞」，並且警告林肯說這個人不可信，重要的事情不要讓他知道。

「她視切斯為很大的敵人。」凱克利太太說。

至於原因，有這樣一條：切斯的女兒凱特嫁給了一個十分富有的男子。她長得美豔動人，是華盛頓交際圈中極富魅力的女性。在白宮的宴會上，只要能看見凱特的身影，林肯夫人就極為不悅，因為男人們會把目光全投向她，而成為宴會上最亮的明星。

　　凱克利太太說：「如果有誰成為眾人最受歡迎和矚目的對象，林肯夫人立即就會心生嫉妒。因此，她不想讓切斯的女兒在社交界立足，更不想讓凱特的父親從女兒的身上撈取到政治上的籌碼。」

　　又妒又恨的林肯夫人不止一次地催促林肯罷免切斯在內閣中的職位。

　　夫人也特別反感斯坦東。每當聽到對方批評她時，她便毫不客氣地說斯坦東是一個「暴躁而又令人討厭的傢伙」。

　　每當她滿腹牢騷、咒罵不休時，林肯總是耐心地勸說：「太太，那些都是你的誤解。你的個人看法未免過於偏頗，甚至難以理喻。我要是照你說的去做，很快我就會被孤立起來而成為內閣裡的孤家寡人。」

　　安德魯·強森令她反感，麥克萊倫令她討厭，格蘭特更加令她怨恨，他還被稱其為「頑固的傻瓜和屠夫」。她聲稱要是讓她來帶領軍隊都比對方強，而且對上天起誓說如果有一天格蘭特坐上了總統的位子，她就離開這個國家，直到他離任才會回來。

　　「或許你說得沒錯，太太。」林肯會說：「假如真讓你來指揮部隊，你肯定比他們更優秀。」

　　李在投降書上簽字以後，格蘭特攜夫人回到了華盛頓。首都沸騰了，人們用歌聲、煙火和狂歡慶祝勝利。而林肯夫

人也向這位將軍發出了邀請，請他和自己及總統一起「觀花賞燈」。不過，她邀請的只是格蘭特本人，其夫人未被邀請。

沒過幾天，她又安排了一場話劇觀賞會。格蘭特夫婦及斯坦東夫婦被邀請和總統坐在同一個包廂裡。斯坦東夫人剛一接到邀請，便立即去找格蘭特夫人商議是否出席這個話劇觀賞會。

「除非你接受她的邀請，否則我會拒絕。除非你也在場，否則我不會去和林肯夫人同坐在一個包廂裡。」斯坦東夫人說道。

格蘭特夫人正反覆思考著。她知道自己丈夫的到來，必定會得到觀眾雷鳴般的掌聲，他們會以此向「阿波馬托克斯的英雄」致意。而那時，林肯夫人又會做些什麼呢？不用問，她必定會搬弄許多是非把大家搞得都很難堪。

就這樣，兩位夫人都拒絕了邀請。雖然她們並不知道那晚會發生什麼，但後來的事實證明，她們的拒絕是明智的。因為正是兩位夫人的拒絕才保全了兩位丈夫的生命。因為就在那天晚上，刺客鑽進了總統的包廂並向他開了槍。假如格蘭特和斯坦東也在現場的話，估計刺客也會順手結束了他們兩個人的性命。

勝利後不幸遇刺

在美國內戰的年代，各種勢力都在進行殊死奮鬥，林肯的身邊每天都有死神的陰影伴隨。

陸軍部長斯坦東和哥倫比亞特區警察局長沃德・希爾・拉蒙等人經常告誡總統，要注意自身的安全。林肯對他們的勸告一笑置之。

林肯在一個大信封上註明「暗殺」字樣，裡面收集的全是所接獲的恐嚇信。截至 1865 年 3 月底，裝在這個信封裡的恐嚇信就有八十封之多。

林肯對國務卿西華德說道：「我知道我處在危險之中，但我不想把這種恐怖放在心上。」

1865 年 4 月 14 日上午，林肯召集內閣成員開會，從前線返回華盛頓的格蘭特也應邀參加了。在這次會議上，林肯談到了他對在南方重建法律、秩序和新的州政府的看法。

總統興致勃勃地說道：「我感到幸運的是這場大叛亂恰逢國會休會時被粉碎了，這就使國會中的搗亂分子無法妨礙、干擾我們。假如我們明智而又審慎，我們就能推動各州重新行動起來，使各個州政府卓有成效地開展工作，從而在國會在 12 月復會前得以恢復社會秩序和重建聯邦。」

當天當晚，林肯步行至陸軍部，這是每天的例行公事。

不過，這次唯一反常的事是，林肯竟然笑著對警衛員克魯克說：「克魯克，我相信有人想要謀殺我，你知道嗎？」稍停片刻，他又自顧自地嘟嘟囔囔：「我毫不懷疑，他們會這麼做的。」

晚餐後，總統情緒異常興奮，他談笑風生，對國家的現狀和未來充滿著希望和信心。總統沉浸在巨大的喜悅中，本無心去看戲，他邊走邊說道：「我本不想去看這場戲的。」

隨同總統和總統夫人乘馬車前往華盛頓福特劇院去看戲的，有陸軍部和斯坦東特意派來的志願兵少校亨利・里德・拉什伯恩和他的未婚妻，還有一位從首都警察部隊選派來白宮擔任總統保衛工作的千名軍官之一，他叫約翰・帕克，他的任務是寸步不離總統，嚴密監視可能加害總統的任何一個嫌疑犯。一行在 1865 年 4 月 14 日 21 時進入福特劇院，隨即被帶進包廂。

包廂門上已經鑽了一個小小的窺視孔，那是約翰・威爾克斯・布斯（John Wilkes Booth）做的。

他是一個相當有魅力的演員，同時也是南方聯盟的熱愛者。他在那天下午鑽了那個窺視孔，目的就是想藉此了解包廂內總統的動靜並伺機進入包廂。布斯還在樓廳通往總統包廂的門後挖了一道槽痕，以便用木板將門堵死。

另外，他還寫下了一封長信，說明他謀殺總統是出於愛

237

國心，他將它交給一個演員，要他在第二天拿出去發表。

　　關於布斯謀殺總統是受誰指使有多種說法：一說他是受南方聯盟的指使，並接受其資金開展活動的；一說是由於他本人的成名欲望所驅使的；一說是斯坦東等所指使的。但不管怎樣，布斯無可懷疑地從很早就開始要陰謀綁架總統。

　　在 1864 年南方聯盟節節失利之際，約翰·威爾克斯·布斯結識了幾個在巴爾的摩和華盛頓一帶流浪的南方同情分子，多次企劃綁架，但均告失敗。南軍的李將軍投降後，布斯覺得綁架林肯以換取和平已失去意義，遂決定槍殺總統，為南方聯盟報仇。

　　總統夫婦將到福特劇院看戲的公告給了他機會。那天下午他將一切安排妥當，然後召集同夥，交給喬治·阿策羅特一支槍，由他射殺副總統約翰遜。阿策羅特不想殺人，他把槍拿去典當了，從而使約翰遜躲過一劫；劉易士、佩恩被安排去刺殺西華德，他們帶了一支手槍和一把砍刀。晚上二十二時多一點，布斯溜進了戲院。

　　那天上演的一齣喜劇是《我們的美國表兄》，總統看戲總是很投入的。這次也一樣，他看得興致勃勃的，卻不知危險正在悄悄臨近。

　　布斯按事先的計畫頂住通道門，通道上空無一人，警衛帕克大概不喜歡看戲便溜出去喝酒了。布斯走近包廂門，貼

近窺視孔，一會兒之後推開門，悄悄走到林肯背後，用手槍對準總統的後腦勺，摳動了扳機。

拉什伯恩少校聽到槍聲回過頭，發現不遠處煙霧瀰漫，並看見一個人站在包廂門與總統之間，立即猛撲過去。布斯揮起一把獵刀砍傷了他，並趁機跳下舞臺，在舞臺上他大叫了一聲，隨即溜向劇院後門。

有人認出他是演員布斯，並看著他一瘸一拐地逃了出去，因為他跳下來時跌斷了腿。

總統夫人聽到槍聲後回頭，發現丈夫低垂著腦袋一動也不動，當意識到發生了什麼時，她發出了令人毛骨悚然的尖叫。那時拉什伯恩正喊著要抓住那人，布斯也剛逃出劇院後門不久，反應過來的觀眾立刻亂作一團。

一個叫李爾的醫生迅速來到總統包廂，檢查總統的傷口，他是部隊助理外科醫生。不久又來了兩位醫生。檢查結果證明子彈是從頭的左側進入，到達靠近右眼的地方，總統被一致認定是受了致命傷。

這一夜是美國歷史上最為可恥的一夜，總統受了致命傷，國務卿家裡也出了事。西華德家裡至少有七人受傷，而西華德本人正躺在病床上，頭上戴著固定鋼架，他被刀刺成重傷。

奄奄一息的總統被抬到威廉·彼德森的家中，放在一張

木床上。斯坦東和韋爾斯已來到現場。斯坦東忙進忙出，發號施令，使混亂狀態逐步得到控制。

總統的呼吸卻無法控制，一直顯得很微弱。這位堅強不屈的人，一直支撐到 1865 年 4 月 15 日 7 時 22 分才斷氣。

布斯潛逃，陸軍部到處張貼了他的照片和姓名，懸五萬美元緝拿歸案，生死不論。

4 月 26 日上午，正義之劍終於降臨到了約翰·威爾克斯·布斯的頭上。他像一頭野獸似的受到追捕，又像一隻老鼠那樣走投無路。

這天，這個奴隸制的死心塌地的衛道人士，終於在維吉尼亞州卡洛林縣的博林格林被聯邦軍警追趕上，在一個從外面放火燒著了的倉庫裡，一顆正義的子彈射穿了這個匪徒的頸骨，布斯遭槍擊後不久即一命嗚呼。

隨後，與布斯一道作案的四名罪犯也都先後落網，被處絞刑。

1865 年 5 月 4 日，在斯普林菲爾德，數千名群眾前來出席林肯的葬禮，他們含悲忍痛地聽取了林肯第二次就職演說時的錄音。

勝利後不幸遇刺

電子書購買

國家圖書館出版品預行編目資料

捍衛之路，林肯與自由平等：廢除蓄奴 × 人權主張 × 倡議民主，美國史上最偉大的總統……回顧林肯曲折輝煌卻驟然落幕的一生 / 鄧韻如，竭寶峰編著 . -- 第一版 . -- 臺北市：崧燁文化事業有限公司 , 2023.07
 面； 公分
POD 版
ISBN 978-626-357-419-9(平裝)
1.CST: 林肯 (Lincoln, Abraham, 1809-1865)
2.CST: 傳記 3.CST: 美國
785.28　　112008284

捍衛之路，林肯與自由平等：廢除蓄奴 × 人權主張 × 倡議民主，美國史上最偉大的總統……回顧林肯曲折輝煌卻驟然落幕的一生

臉書

編　　著：鄧韻如，竭寶峰
發 行 人：黃振庭
出 版 者：崧燁文化事業有限公司
發 行 者：崧燁文化事業有限公司
E - m a i l：sonbookservice@gmail.com
粉 絲 頁：https://www.facebook.com/sonbookss/
網　　址：https://sonbook.net/
地　　址：台北市中正區重慶南路一段六十一號八樓 815 室
Rm. 815, 8F., No.61, Sec. 1, Chongqing S. Rd., Zhongzheng Dist., Taipei City 100, Taiwan
電　　話：(02)2370-3310　　傳　　真：(02) 2388-1990
印　　刷：京峯數位服務有限公司
律師顧問：廣華律師事務所 張珮琦律師

定　　價：350 元
發行日期：2023 年 07 月第一版
◎本書以 POD 印製